U N R E A D

**Thomas Cathcart
&
Daniel Klein**

柏拉图和鸭嘴兽一起去酒吧

[美]托马斯·卡斯卡特 [美]丹尼尔·克莱恩 著

王喆 朱嘉琳 译

柏拉图和鸭嘴兽一起去酒吧

[美] 托马斯·卡斯卡特
[美] 丹尼尔·克莱恩 著

王喆 朱嘉琳 译

图书在版编目（CIP）数据

柏拉图和鸭嘴兽一起去酒吧 / (美) 托马斯·卡斯卡特, (美) 丹尼尔·克莱恩著; 王喆, 朱嘉琳译. -- 北京: 北京联合出版公司, 2025.4. -- ISBN 978-7-5596-8231-4

Ⅰ.B-49

中国国家版本馆CIP数据核字第2025FR3073号

**Plato and a Platypus Walk into a Bar ... :
Understanding Philosophy Through Jokes**

by Thomas Cathcart and Daniel Klein

Copyright © 2007 Thomas Cathcart and Daniel Klein
Illustration credits: © The New Yorker Collection 2000/Bruce Eric Kaplan/cartoonbank.com: pg 28; © Andy McKay /www.CartoonStock.com: pg 55; © Mike Baldwin/www.CartoonStock.com: pgs 104, 123; © The New Yorker Collection 2000/Matthew Diffee/cartoonbank.com: pg 136; © The New Yorker Collection 2000/Leo Cullum/cartoonbank.com: pg 154; © Merrily Harpur/Punch ltd: pg 180; © Andy McKay /www.CartoonStock.com: pg 190. First published in the English language in 2007 by Abrams Image, an imprint of ABRAMS, New York. ORIGINAL ENGLISH TITLE: Plato and a Platypus Walk Into a Bar... (All rights reserved in all countries by Abrams, Inc.) Simplified Chinese edition © 2025 by United Sky (Beijing) New Media Co., Ltd.
All rights reserved.

北京市版权局著作权合同登记号 图字：01-2025-0398号

出 品 人	赵红仕
选题策划	联合天际
责任编辑	李艳芬
美术编辑	程 阁
封面设计	沉清 Evechan

关注未读好书

出 版	北京联合出版公司 北京市西城区德外大街83号楼9层 100088
发 行	未读（天津）文化传媒有限公司
印 刷	大厂回族自治县德诚印务有限公司
经 销	新华书店
字 数	125千字
开 本	880毫米 × 1230毫米 1/32 7印张
版 次	2025年4月第1版 2025年4月第1次印刷
ISBN	978-7-5596-8231-4
定 价	46.00元

客服咨询

本书若有质量问题，请与本公司图书销售中心联系调换
电话：(010) 52435752

未经书面许可，不得以任何方式
转载、复制、翻印本书部分或全部内容
版权所有，侵权必究

谨以此书纪念我们俩的哲学之祖

格鲁乔·马克思,

他用一句话总结了我们的基本理念——

"这些就是我的原则,如果你不喜欢,那我换些原则好了。"

目录

前言 什么是哲谑	001
第一章 形而上学	007
第二章 逻辑学	029
第三章 知识论,关于知识的理论	057
第四章 伦理学	085
第五章 宗教哲学	105
第六章 存在主义	125
第七章 语言哲学	137
第八章 社会和政治哲学	155
第九章 相对性	181
第十章 元哲学	191
尾声 我们来总结一下	197
哲学史上的大事件	199
术语表	205
致谢	213

前言
什么是哲谑

迪米特里：如果说巨人阿特拉斯撑起了天空，那是什么支撑着阿特拉斯呢？

塔索：他站在一只乌龟的背上呀。

迪米特里：那是什么支撑着乌龟呢？

塔索：当然是另一只乌龟咯。

迪米特里：那又是什么支撑着这只乌龟呢？

塔索：亲爱的迪米特里，**乌龟们层层叠叠，数不胜数！**

φ

上面这段涉及古希腊传说的对话完美阐释了无穷后退的定义。一旦我们讨论到生命、宇宙、时空的第一因，或者再明显不过——

一旦讨论到造物主的由来，就会不可避免地面对这个问题。造物主必然其来有自，因此第一因（或称第一只乌龟）的责任不能就这么让它承担。当然，也不能让造物主背后的那个造物主（或其他东西）来承担。如果不断追问是探寻造物主的正确方式，那造物主将接二连三，数不胜数。

如果你找不到无穷后退的终点在哪里，或许可以考虑**虚无创造论**这个学说，即从虚无中创造实体。或者，用约翰·列侬的话来说："在猫王之前什么都没有。"尽管他说这句话的时候，我们讨论的问题稍稍有所不同。

不过还是让我们再仔细听一下老塔索的那句话吧："**乌龟们层层叠叠，数不胜数！**"这个回答不但发人深省，而且包袱抖得恰到好处。插科打诨一般妙趣横生！

这没什么好惊讶的。笑话和哲学概念的结构与效果相差无几。两者激发我们思考的方式如出一辙。因为哲学概念和笑话同根同源：都是为了混淆我们对事物的感知，颠覆我们的世界，从而找出生命隐藏的真相，而这些真相时常会让人感到不快。哲学家所谓的洞见，对讲笑话的人来说就是包袱。

举个例子，试着思考下面这则经典笑话。表面上看，这个笑话听起来傻里傻气，但仔细玩味就能发现，这则笑话直指英国经验主义哲学的核心——世界上,哪一类信息是可靠的。

莫迪回到家,发现老婆和他最好的朋友阿鲁赤身裸体地躺在床上。莫迪还没说话,阿鲁就从床上跳下来对他说:"老兄,在你开口前请先想想,你打算相信我还是相信你的眼睛?"

阿鲁这句话向感官经验权威发起了挑战,同时引出了一个问题——什么样的信息是确定无疑的?凭什么说这种信息确定无疑?通过某种方式(比如用眼睛看)收集到的有关这个世界的事实是否比通过其他方式(如不假思索地相信阿鲁对真相的描述)收集到的事实更为可靠?

此外,还有一个哲学笑话可以拿来举例。这则笑话提出了基于类比推理的论点——如果两个结果类似,那么其原因也必然相近。

一个90岁的老头去看病,对医生说:"我18岁的妻子怀孕了。"

医生回答:"我讲个故事给你听吧。有个人去打猎,他本来要拿枪的,但是拿错了,拿成了雨伞。到了森林,突然有一头熊冲向他,他连忙抓起雨伞把熊射杀了。"

老人说:"这不可能。射杀那头熊的一定另有其人。"

医生回答:"没错,我想说的就是这个道理。"

上面的例子极好地阐释了什么叫作类比推理。如今人们将这种哲学思维方法运用(其实是误用)于智慧设计论[1]中作为论据。所谓智慧设计论,即如果存在眼球这一物体,那天上必然存在一位眼球的设计者。

用笑话阐释哲理的例子不胜枚举——事实上,我们的确会这么做,从不可知论讨论到禅学,从解释学讨论到永恒。我们将向你展示如何通过笑话阐释哲学概念,以及有多少笑话本身就蕴含着精辟的哲理。等一下,这两句话不是在讲一个意思吗?我们待会儿再来回答这个问题。

学生们走进哲学课堂,通常希望能通过这门课学到一些关于世间万物的见解。然而,他们看到一个家伙,身穿一套又皱又不合身的粗花呢西装踱到讲台边,开始大讲特讲"意义"的意义。

他说,首先,在回答任何问题之前,不管问题是大是小,我们得先理解问题本身意味着什么。我们硬着头皮听下去,很快发现这家伙讲的东西虽然不太正常,但妙趣横生。

哲学和哲学家就是这样。从一些问题引出另一些问题,这些问题又引出新的问题,就此引出了一连串问题。**问题层层叠叠,**

---

[1] 一种极富争议性的观点,认为"宇宙和生物的某些特性用智能原因可以更好地解释,而不是来自无方向的自然选择"。——译者注,下同。

数不胜数!

我们可以先从一些基本问题开始:"世间一切有什么意义?""上帝真的存在吗?""如何对自己坦诚?"以及"我是不是走错教室了?"我们很快就会发现,若想回答这些问题就不得不探讨其他问题。很多哲学派别都是这样产生的,为了钻研某些大问题,不得不试着回答问题背后的问题。嗯,还有什么问题吗?

紧接着,为了解决"世间一切有什么意义?"这一问题,形而上学出现了。"上帝真的存在吗?"这一问题则孕育了宗教哲学。"如何对自己坦诚?"这一问题则归存在主义阐释。至于"我是不是走错教室了?"这一问题的答案,则来自一个新的哲学派别,即所谓的元哲学,该派别提出了"何为哲学?"这个问题。以此类推,每一个哲学领域探讨的问题和概念都各不相同。

本书没有按照时间顺序来写,而是按照我们第一次走进哲学教室时心中抱有的问题,以及能够提供对应解决方案的哲学派别来编排。有一点我们做得很妙,即找到了一堆恰好能涵盖这些哲学派别领域的笑话。(这纯属巧合,还是幕后终究有个智慧设计者存在?)不过,本书之所以能编排得如此绝妙,背后有一个重要原因:当年我俩浑浑噩噩地走出哲学课堂,垂头丧气、不知所措,自以为一辈子都弄不懂那些让人晕头转向的东西。就在此时,一位研究生慢慢地走上前来,给我们讲了莫迪回家看见好友阿鲁跟自己的老婆躺在床上的笑话。

"这就是哲学！"他说。

我们称其为——哲谑（philogag）。

托马斯·卡斯卡特 & 丹尼尔·克莱恩

2006年8月

第一章
形而上学

形而上学直面哲学中的"大问题":存在是什么?现实的本质是什么?我们有没有自由意志?针尖上最多能站几个天使跳舞?换灯泡需要多少人?

φ

迪米特里:塔索啊,最近有个问题老是困扰着我。

塔索:什么问题?

迪米特里:你说,这世间一切的意义是什么呢?

塔索:一切是指什么?

迪米特里:你懂的,就是生命啊,死亡啊,爱情啊,葡萄叶卷[1]啊……

---

[1] 葡萄叶卷是用葡萄叶包裹米饭、肉类、香料等食材制成的一种食物,盛行于希腊和中东地区。

塔索：我说，你怎么就觉得这些东西有意义呢？

迪米特里：总该有点儿什么意义吧，不然人生就……

塔索：就什么？

迪米特里：给我来杯乌佐酒[1]。

目的论

宇宙有目的吗？

根据亚里士多德的理论，**万物皆有目的**。所谓目的，即理应达成的内在目标。橡果有目的：长成橡树。成为橡树是橡果"应达成之事"。同样，飞鸟有目的，蜜蜂有目的。甚至有人说，在波士顿，连焖烤豆都有其存在的目的。目的是实在的组成部分。

如果你觉得上面的说法有点抽象，那么在接下来的故事里，戈德斯坦夫人将对**目的**做一个直截了当的解释。

戈德斯坦夫人带着两个孙子在街上散步，碰到一位朋友，对方停下脚步问两个孩子多大了。

戈德斯坦夫人答道："我家的小医生5岁了，小律师7岁了。"

---

1 一种带茴香味的开胃酒，是茴香酒的一种。在希腊和塞浦路斯十分热销，是希腊文化的象征。

人生有目的吗?

亚里士多德认为有。他认为人生的目的是幸福,这个观点一直以来频频遭到其他哲学家的质疑。亚里士多德死后7个世纪,圣奥古斯丁[1]提出,人生的目的是爱上帝。而对于像马丁·海德格尔那样生活在20世纪的存在主义者来说,人类的目的是以一种不否认自身真实处境的态度活着,尤其不否认死亡。**幸福? 简直太肤浅了!**

关于人生的意义众说纷纭,与之相关的笑话也层出不穷,而哲学家也由此遍地开花。

一位求道者听说在印度最高的山上住着全国最睿智的上师。于是他不辞辛劳,翻过山峦,横穿德里,最终来到了这座传说中的山的脚下。此山异常险峻,求道者不止一次踩空跌倒。他最终登上顶峰的时候,已经伤痕累累、遍体瘀青了。不过,他寻找的那位上师正在一个山洞口盘腿而坐。

"噢,睿智的上师,"求道者说,"我特来询问生命的奥秘。"

"啊,是啊,生命的奥秘,"上师答道,"生命的奥秘就是个茶杯。"

"茶杯? 我千辛万苦来到这里寻找生命的意义,你却告诉我生命的奥秘是个茶杯?!"

上师耸了耸肩:"那也可能不是茶杯吧。"

---

1 天主教神学家、哲学家,曾任天主教会在阿尔及利亚城市希波的主教。死后被天主教会封为圣人和教会圣师。

故事中的上师承认了一点——阐述人生目的是件非常棘手的事。此外，如何阐述人生的目的也见仁见智。

人生的**目的**（人理应达成的事）和某一特定个体的人生目标（他**想要**做成的事）是不同的。下面这则故事里的主人公牙医山姆到底是在探寻广义的人生**目的**还是仅仅在做自己想做的事呢？显然，山姆的母亲对儿子的人生**目的**有着自己的见解。

山姆·李普希兹是费城的一位牙医，他曾前往印度去寻找人生的意义。山姆的母亲好几个月都没有收到儿子的音信。最终她乘飞机前往印度，打听最睿智的人住在何处。根据指引，她来到了一处静修地。那里的看门人告诉她，想要见上师得等上一周，而且见面之后只能说四个字。这位母亲一面耐心等待，一面仔细斟酌要说的话。她最终被引见给了上师，对上师说："山姆，回家！"

如果你在英语辞典里查"形而上学"（metaphysics）[1]，你会发现它的词干源于亚里士多德所著的一篇论文标题，该学说从一种超越（meta）科学观察的抽象化层面来研究问题。不过将 metaphysics 如此定义，用拉丁文来说，完全是 post hoc hokum[2]。

---

1 该词直译为"物理学之后"，由前缀 meta-（有超越、在……之后等含义）和词根 physics（物理学）组成。

2 指事后归因的谬误推理。

事实上，亚里士多德从未给自己的论文取名为 metaphysics，更别提他的论文所研究的是超越科学的问题了。其实，"metaphysics"这个词是由一位整理亚里士多德文集的编辑在公元1世纪发明的。该编辑之所以选用这个标题，仅仅是由于该章节位于"物理学"一章"之后"而已。

本质论

实在是怎么构成的？哪些具体属性使事物成为它们现在的样子？或者按照哲学家们的习惯问法，哪些具体属性没有让事物成为它们现在没有成为的样子？

亚里士多德划清了**本质**属性和**偶然**属性的界限。他认为如果事物缺少某些属性就无法成为它自己，那这些属性就是事物的本质属性，而那些决定事物**形貌**而非**本质**的属性则是偶然属性。举个例子，亚里士多德认为理性是人类的本质属性，既然苏格拉底是人类，那么理性对他成为苏格拉底来说是必不可少的。如果没有理性，苏格拉底就无法成为苏格拉底。他甚至都不能算是人类，又如何能算是苏格拉底呢？另一方面，亚里士多德认为苏格拉底长着扁鼻子仅仅出于偶然，扁鼻子是苏格拉底**形貌**的一部分，对他成为他自己并没有本质影响。换句话说，没有理性的苏格拉底将不再是苏格拉底，但如果给他整个形，他依旧是苏格拉底，只不过隆了鼻而已。这让我们想起一则笑话。

汤普森70岁那年决定彻底改变生活方式来益寿延年。他不仅严格控制进食，还出门慢跑、游泳、晒日光浴。短短3个月里，他就减掉了28斤，腰围少了4寸半，胸围增加了4寸。汤普森现在拥有了健美的身材和古铜色的皮肤，除此之外，他还决定去剪个帅气的新发型。剪完头发，他刚迈出理发店的大门，就被一辆公交车给撞了。

倒在地上的汤普森于垂死之际大声喊道："上帝啊，你怎么能这样对我？"

空中传来一个声音，回答道："汤普森啊，老实说，我刚才没认出是你。"

可怜的汤普森似乎改变了他身上的某种偶然属性，尽管如此，我们依然承认汤普森从本质上说还是他自己。汤普森本人也是这样认为的。实际上，这两个条件对于该笑话的成立都很重要。讽刺之处在于，整个笑话里唯一没能认出汤普森的，恰恰是被我们认为全知全能的上帝。

还有不少风格类似的笑话也阐明了本质属性和偶然属性之间的不同。

埃布：索尔，我给你猜个谜语吧。有一种东西绿油油的，挂在墙上，还能啾啾叫，你知道它是什么吗？

索尔：我猜不出来。

埃布：是鲱鱼。

索尔：可鲱鱼不是绿色的啊。

埃布：那你就把它涂成绿色呀。

索尔：鲱鱼也不挂在墙上啊。

埃布：用钉子钉到墙上就行了呀。

索尔：但鲱鱼不会啾啾叫啊！

埃布：所以呢？不叫就不叫呗。

下面这个版本也许不会在卡洛琳喜剧俱乐部里逗得大家哄堂大笑，但说不定能让你在美国哲学协会的年会上博得好评。

埃布：有一物体，具有绿色、悬挂能力、鸣叫能力三种性质，请问这个物体是什么？

索尔：我想不出有什么东西能符合这个条件。

埃布：是鲱鱼。

索尔：鲱鱼不是绿色的。

埃布：小索啊，我说的并不是本质属性。鲱鱼有可能在偶然情况下是绿色的，对不对？试试给它上色，你就知道了。

索尔：但鲱鱼也不能挂在墙上。

埃布：如果你在偶然情况下把它钉在墙上了呢？

索尔：谁会把鲱鱼钉在墙上啊？

埃布：相信我。一切皆有可能。这就是哲学。

索尔：好吧。但即使在偶然情况下，鲱鱼也不会叫的。

埃布：有本事你告我呀。

索尔和埃布转身面向观众席上一言不发的美国哲学协会会员。

索尔：怎么，一言不发是你们斯多亚派[1]的传统吗？嘿，我说，尼采当年戏弄梵蒂冈教廷的时候，可博得了不少笑声呢。

正如这则笑话所阐述的，有时物体的某些属性乍看之下是偶然属性，但最终你会发现，这些属性只有在某些特定条件下才是偶然属性。

"为什么象又大又灰，皮还是皱的？"

"如果象又小又白、又光又圆，不就成了一片阿司匹林了吗？"

---

[1] 斯多亚派又译为斯多葛派，是芝诺于公元前 300 年左右创立于雅典的哲学学派，提倡清心寡欲，摈弃物质享受，追求美德。

我们可以画一头体形较小的象，然后称之为"小象"。我们甚至可以画一头带点棕灰色的象，然后称之为"棕灰象"。以此类推，一头表皮没有褶皱的象可以叫"平滑象"。换句话说，在亚里士多德看来，庞大、灰色、褶皱都不是判定一头象的**本质**属性。恰恰相反，这些概念从一般意义上、偶然地对象这一物体进行了描述。虽然根据该笑话，这些描述仅在某种程度上是正确的。像阿司匹林一样小而圆的白色物体不可能是象，因此面对这样的事物，没有人会问："鲍勃，你吃的是一片阿司匹林还是一头与众不同的象？"

关键在于庞大、灰色、褶皱等词语不足以精确描述象的本质属性。除了其他属性之外，只有某一范围内的大小、某一范围内的颜色才能决定某物是不是象。从另一方面来说，有褶皱的也可能是一条鲱鱼，说不定这条鲱鱼还会啾啾叫呢。

理性主义

现在来说点完全不一样的事。某一形而上学学派在完全不依靠我们帮助的情况下，批量产出了各种讽刺笑话。唯一的问题是，这些笑话全都词不达意。

17世纪的理性主义哲学家戈特弗里德·W.莱布尼茨曾说过

一句名言："我们所生活的世界是所有可能存在的世界中最好的一个。"这句话让他成了众矢之的，遭到众人的无情嘲笑。18世纪，伏尔泰那本趣味十足的小说《老实人》首先开了头。该书的主角是一位生性善良的年轻人（甘迪德）和他的哲学导师邦葛罗斯博士（伏尔泰对莱布尼茨的再现）。年轻的甘迪德在旅途中目睹了鞭刑、冤死、瘟疫，以及一场以1755年里斯本地震为原型的将城市夷为平地的大地震。然而，什么都无法动摇邦葛罗斯博士的信念——"在这个所有可能存在的世界中最好的世界里，一切都是最好的安排。"当甘迪德想去援救溺水的荷兰再洗礼派[1]教徒雅克时，邦葛罗斯制止了他，并试图向他证明里斯本湾是"特意为了让再洗礼派教徒溺水才形成的"。

两个世纪之后的1956年。伦纳德·伯恩斯坦的音乐剧《老实人》进一步嘲笑了莱布尼茨。邦葛罗斯和全体演员共同演唱了剧中最知名的歌曲《所有可能存在的世界中最好的一个》。这首歌由理查德·威尔伯填词，意在歌颂战争，因战争的本质是祝福，让我们以受害者的身份团结在一起。

泰瑞·桑恩和梅森·霍芬伯格也自己改编了一个下流版的《坎蒂》来凑趣。故事主角是一位天真懵懂的女孩，尽管遇见的每个

---

[1] 再洗礼派，是16世纪欧洲宗教改革时期，新教中一些主张成人洗礼的激进天主教派别的总称。

男人都想占她的便宜，但她仍然保持着单纯和乐观。这个故事在1964年被改编成了电影，由全明星阵容出演，哲学家林戈·斯塔尔也参与其中。

这些逸事固然有趣，不幸的是，他们全都曲解了莱布尼茨的论点。莱布尼茨是一位**理性主义者**，这个词作为哲学术语是指那些认为理性在获取知识方面优于其他方式的人（与之相反，**经验主义者**认为感觉是获取知识的首要途径）。他通过以下几点推理出了"我们所生活的世界是所有可能存在的世界中最好的一个"这一结论：

- 如果上帝没有选择创造一个世界，那么宇宙中将不存在任何世界。
- 根据"充足理由原则"，如果选项数量超过一个，那么关于为何选择该选项而非其他选项的问题必然存在一种解释。
- 因为上帝选择创造某一特定的世界，所以合理的解释必然存在于上帝自身的属性中，因为那时除了上帝什么都没有。
- 因为上帝既无所不能又在道德上完美无缺，所以他创造的必然是一个可能存在的最好世界。其实仔细想想，在这种情况下这也是唯一可能存在的世界。作为无所不能又在道德上完美无缺的上帝，他不可能会创造一个不完美的世界。

伏尔泰、伯恩斯坦、桑恩、霍芬伯格等人所嘲讽的对象都是自己对莱布尼茨那句话的理解："一切都挺好的。"但莱布尼茨并没有否认世间存在的恶。他只是觉得对上帝来说，用其他任何方式创造的世界都会带来更多的恶。

乐观主义者认为这个世界是所有可能存在的世界中最好的一个。悲观主义者害怕事实正是如此。

这则笑话暗示乐观主义者同意莱布尼茨的观点，而悲观主义者则难以苟同。从莱布尼茨这位理性主义者的角度来看，世界的样子无非就是它应有的样子。这则笑话阐明了一个明显的事实，乐观主义和悲观主义仅仅是两种个人态度，与莱布尼茨对这个世界中立理性的描述毫无关系。

乐观主义者说："杯子里还有半杯水。"
悲观主义者说："杯子里只有半杯水。"
理性主义者说："杯子里有全部容量一半的水。"

如此看来就一清二楚了。

无限与永恒

事实证明，无论这个世界是好是坏，我们都只能短暂停留而已。但我们所说的短暂，是通过与什么比较得出的呢？与无尽的岁月比较？

莱布尼茨的观点和本章最后的插图中左边的上帝（这里指的并非天上那位上帝）的观点是完全对立的。莱布尼茨作为一位理性主义者，对万事万物"无缘无故发生"这一说法并不满意，因为如果这么说，除此之外的其他情况都可能轻而易举地发生。他认为必然存在某种理由能让所有情况都必然如此。为什么西雅图的降水量高于阿尔伯克基[1]？因为条件 A、条件 B、条件 C 确保了此事不可能出现其他结果。鉴于条件 A、条件 B、条件 C 的存在，事情就不会有其他变数。到这儿为止，大部分人都会同意莱布尼茨的观点，那些生活在西雅图的人尤为认同。然而他接着说道，即使是之前提到的那些条件（A、B、C）也不会

---

1 美国新墨西哥州的最大城市。

存在其他可能。在这些条件之前的条件，再之前的条件，无限往前追溯，都是如此。这就是他所谓的"充足理由原则"，即任何真实事件之所以真正是保证该事件不具其他可能性的原因。一个宇宙如果没有西雅图与众不同的降水量以及所有促成降雨的条件，就不能称之为宇宙。这样的宇宙会是一片混沌，失去其"统一"（universe）[1]的本质。

无限这一概念让研究形而上学的学者不知所措，成了他们心中永远解不开的结。而不研究形而上学的学者则对此兴味索然。

两头牛站在牧场上。一头牛转头对同伴说："虽然 π 通常被简化成五位有效数字，实际上它是无限不循环的一个值。"

另一头牛转头回答："哞——"

接下来这则笑话将"永恒"与另一个常被人误解的哲学概念——"相对性"结合在了一起。

一个女子从她的主治医生那里得知自己只剩六个月可活了。

---

[1] 英语中的宇宙"universe"一词由"uni"（一）和"verse"（成为）组成。本意是成为一体、完全。

她问医生:"我还能做点儿什么呢?"

医生回答:"有啊,你可以嫁给一个税务会计师。"

女人追问道:"他对我的病情有什么帮助吗?"

医生回答:"噢,他对你的病没什么帮助,不过他会让你剩下的六个月如同永恒般漫长!"

这则笑话引出了一个哲学问题——"有限的事物(如六个月时间)怎么可能和无限的事物(如永恒)相提并论呢?"会这么问的人肯定没和税务会计师一起生活过。

决定论 vs. 自由意志

身处此时此地的我们,能够掌控自己的命运吗?

几个世纪以来,很多哲学著作都在讨论一个问题,即人类的决定和行为是自由做出的,还是由诸如遗传、环境、历史、命运、微软等外力所决定的。

希腊的悲剧作家强调了个人性格带来的影响,以及它在决定事情发展方向时必然会暴露的瑕疵。

20 世纪小说家巴舍维斯·辛格在被问到是否相信自由意志的时候半开玩笑地回答:"我别无选择。"(这实际上也是一些哲学家不得不接受的观点：我们被迫相信人类的自由意志，因为不这样的话，我们对于道德责任感的信仰将如无根浮萍一般脆弱。我们的道德选择也将脱离我们的控制。）

最近有一种观点认为，我们的行为由不受我们控制的心理力量决定。该观点削弱了道德责任感的概念，特别是现在我们还有了"甜点抗辩"这个例子。该案例中，被告人声称是甜点中的糖分迫使他犯下了谋杀罪。这句话和"是魔鬼让我做的"如出一辙，只不过披上了心理学外衣而已。

接着又有一些秉持决定论的人士说："是上帝让我这么做的。其实宇宙中的一切，哪怕那些细枝末节，都是上帝决定的。"17世纪荷兰的犹太裔哲学家巴鲁赫·斯宾诺莎和18世纪的美国神学家爱德华·约翰逊就拥护这种带有神学色彩的决定论。

下面这则故事中的老鹰、青蛙、卡车司机大概都觉得自己能够自由选择并实施自己的行为吧。

摩西、耶稣，还有一位大胡子老人在打高尔夫球。摩西发球来了个长打，球先是落到了球道上，接着径直朝池塘滚去。摩西举起球杆，将池塘的水分开，球安全滚到了对岸。

耶稣也朝着池塘来了个长打，球向池塘中央飞去，眼看就要掉进水里，突然悬停在水面上方。耶稣不慌不忙地走到池塘上，一个切削把球送上果岭。

大胡子老人挥杆发球。球撞上围网，弹到了外面的马路上。一辆卡车驶来，把球撞回球道。球径直向池塘弹去，掉在了睡莲叶上。旁边的青蛙见状，一口咬住了球。一只老鹰俯冲而下，抓起青蛙飞向远方。老鹰掠过果岭的时候，青蛙把球吐了出来。球直接掉入球洞。大胡子老人一杆进洞。

摩西转身对耶稣说："我好讨厌跟你爸打球啊。"

过程哲学

这件事必然会发生——一位哲学家出现，反对存在一个有强迫倾向，而且对什么都要指手画脚的上帝。20世纪的哲学家阿弗烈·怀特海认为，上帝不仅无法决定未来，反而还会被未来所决定。根据怀特海的过程哲学，上帝既不全知也不全能，反而会随着事情的进展而变化。或者，就像21世纪信徒可能会说的那样："上帝进化得如此高级。"

阿尔文正在自家店里干活，突然听见上空传来一个洪亮的声音："阿尔文，把店卖了！"他并没有理会。然而同样的声音日复一日喋喋不休："阿尔文，以300万美元的价格把店卖了！"这样的情况持续数周后，阿尔文终于妥协，把店卖了。

那个声音又说:"阿尔文,去拉斯维加斯吧!"

阿尔文问为什么。

"阿尔文,带上300万美元去拉斯维加斯就是了。"

阿尔文乖乖听话去了拉斯维加斯,并走进了一家赌场。

那声音说:"阿尔文,去玩二十一点,把所有钱都押上。"

阿尔文迟疑了一会儿,最终还是照做了。他拿到的牌共计十八点。此时庄家的明牌是六点。

"阿尔文,拿一张牌!"

"什么?庄家才……"

"拿一张牌!"

阿尔文让庄家加牌,到手一张A。十九点。阿尔文松了口气。

"阿尔文,再拿一张牌!"

"什么?!"

"我让你再拿一张牌!"

阿尔文又要了一张牌,还是A。现在他的牌共计二十点。

那声音命令道:"阿尔文,再拿一张牌!"

阿尔文大喊:"我手上的牌已经二十点了!"

那声音吼道:"再拿一张牌!"

"加牌!"阿尔文说道。结果他又拿到了一张A。二十一点!

那洪亮的声音说道:"真难以置信!"

嘿,这个故事告诉了我们一个有趣的事实——上帝有时候都会被自己吓到。

最经济原则

哲学界一直存在一股反对形而上学的力量,近两个世纪以来,这股力量随着科学世界观的胜利达到顶峰。鲁道夫·卡尔纳普和维也纳学派(很多人觉得这个名字看起来像20世纪70年代的迪斯科乐队,事实上并非如此)在反形而上学这条路上走得很远,他们甚至想把形而上学归为业已被科学取代的一种非理性猜测,让其退出历史舞台。

鲁道夫和维也纳学派从14世纪神学家威廉·奥卡姆那里得到启发。这位神学家提出了最经济原则,又名"奥卡姆剃刀"。该原则认为:"理论不应具有超出必要的复杂性。"或者,正如奥卡姆用形而上学的方式所说,理论不应"无谓地增加实体"。

假如艾萨克·牛顿看到苹果从树上掉下来后大声疾呼:"我明白了!苹果处在一场拔河比赛中,一方是想把它们往上拉的小精灵,另一方是想把它们往下拽的侏儒,不过侏儒的力气更大!"

奥卡姆肯定会反驳道:"好啦,艾萨克,尽管你的理论的确涵盖了所有能够观察到的事实,不过你得守规矩——怎么简单怎么来!"

卡尔纳普一定深以为然。

一天晚上吃完晚饭,5岁的儿子问父亲:"妈妈去哪儿啦?"

父亲告诉他:"妈妈去参加特百惠派对啦。"

听到这个答案,小男孩安静了一会儿,不过马上又追问:"老爸,特百惠派对是什么呀?"

这位父亲觉得最好的办法就是给出一个简单的解释,于是他说:"好吧儿子,在特百惠派对上,一群阿姨围坐在一起,给对方推销塑料碗。"

小男孩听了哈哈大笑:"得了吧老爸!跟我说实话啦!"

φ

真相是,特百惠派对确实**就**是一群女士围坐在一起,向对方推销塑料碗。然而,特百惠公司的营销人员就像形而上学的学者一样,总是让我们觉得这个派对没那么简单。

迪米特里:我问你一个简单的问题,你却给了我十个不同的答案。这对我一点儿帮助都没有。

塔索:如果你想获得帮助,应该去找社工才对。我听说,斯巴达那儿有不少社工。

迪米特里：不，我只是想知道到底哪个才是正确答案。

塔索：啊哈！我们讨论到现在，总算有点儿进展了。

"这么说有点不好意思,事实上世间万物的发生并没有真实的原因。"

第二章
逻辑学

没有逻辑，理性百无一用。有了逻辑，你就能在辩论中获胜，甚至离间众人。

ϕ

迪米特里：哲学流派百家争鸣。我怎样才能确定哪些是正确的呢？

塔索：谁告诉你这世上存在正确的东西了？

迪米特里：你又来了。为什么你老用问题来回答问题呢？

塔索：你有什么意见吗？

迪米特里：我都不知道我为什么要问这个问题，因为有些事就是正确的。比如 2+2=4 是正确的，就这样。

塔索：但你怎么就对此这么确定呢？

迪米特里：因为我是个聪明的雅典人。

塔索：这又是另一个问题了。不过你能确定 2+2=4 是正确的原因，在于这个等式遵循着颠扑不破的逻辑学定理。

无矛盾律

塔索说对了。

让我们用一则经典的笑话开场。该笑话以亚里士多德学派的逻辑为基础。

一位拉比[1]正在村里审案。塞缪尔起身为自己辩护："拉比，伊扎克每天放羊的时候都让羊群从我的田里横穿过去，我的庄稼都被踩坏了。那片田是我的，他这样做对我不公平。"

拉比回答："你说得对！"

这时，伊扎克起身说道："可是拉比，我的羊如果想要喝池塘里的水，唯一的办法就是穿过他的田。喝不到水，羊会死的。几百年来，所有牧羊人都有权利穿越池塘周围的田地，所以我也应该享有这个权利。"

拉比回答："你说得对！"

---

[1] 犹太教会职位，有时也写作"辣彼"，原意为教师，后指受过正规宗教教育、熟悉犹太《圣经》和口传律法而担任犹太教会众精神领袖或宗教导师的人。

有位女清洁工无意中听见了三人的对话，她对拉比说："但是拉比，他们不可能都是对的啊！"

然后拉比回答道："你说得对！"

女清洁工告诉拉比，他的行为违反了亚里士多德的无矛盾律。对一位拉比来说，这虽然不如违背教义垂涎邻居家的漂亮女佣严重，不过也相差无几了。根据无矛盾律，一件事不可能同时既是这样，又不是这样。

不合逻辑的推理

不合逻辑的推理是哲学家的痛苦之源，不过人们大都没有发现，有时它也颇有用处。也许这就是不合逻辑的推理如此盛行的原因吧。

一个爱尔兰人走进一家都柏林的酒吧，点了三杯健力士黑啤，每杯570毫升。他喝的时候一杯杯轮流喝，每次都喝一小口，直到把三杯都喝完。接着他又点了三杯，酒保说："你知道吗，如果你直接点一大杯1.7升的，就不会那么快见底了。"

男子答道："是啊，我知道。但我有两个兄弟，一个在美国，一个在澳洲。我们在各奔东西的时候答应彼此，以后都会用这种方式喝酒，纪念当初三人一起喝酒的日子。这三杯酒里，两杯是我的两个兄弟的，第三杯是我自己的。"

酒保深受感动，感叹道："多好的习惯啊！"

后来这个爱尔兰人成了酒吧的常客，他也总用同样的方式点酒喝。

一天他走进酒吧，却只点了两杯酒。酒吧里其他常客看到了，整个酒吧陷入了一片沉寂。当他到吧台去点第二轮酒的时候，酒保说道："哥们儿，节哀顺变。"

爱尔兰人回答道："哦，别误会，我的兄弟们都很好。只不过我刚刚信了摩门教[1]，所以不得不戒酒而已。"

换句话说，谋私利的逻辑还能让你喝上两口好酒。

归纳逻辑

归纳逻辑是从特例到一般理论的推理。这种方法常被用来证实科学理论。如果你观察到苹果从树上掉下来，只要次数足够多，

---

1 摩门教，即耶稣基督后期圣徒教会，总部位于美国犹他州盐湖城，拥有全球教会成员超过1400万人。

就能得出结论——苹果总是往下掉,而不会往上或者往其他方向掉。接着,你可能会得出一个更具普遍性的猜想,该猜想涵盖了其他会掉落的物体,比如梨。科学就是通过这样的方式进步的。

在文学史上,再没有一个人物的"演绎"能力能像英勇无畏的夏洛克·福尔摩斯一样出名了。不过,总体来说,福尔摩斯的推理方法和演绎逻辑毫无瓜葛。他使用的其实是归纳逻辑。首先,他仔细观察情况。接着,他运用类比和概率从自己之前的经验中总结出结果。在下面这则故事中,他就是这么做的。

福尔摩斯和华生在野外露营。深夜时分,福尔摩斯一觉醒来,用手肘推了推华生。

"华生,"福尔摩斯说道,"看看天上,然后告诉我你看到了什么。"

华生回答:"我看到了几百万颗星星,福尔摩斯。"

"那么华生,你从中得出了什么结论?"

华生思考了片刻,答道:"嗯,从天文学角度来说,我眼前的景象告诉我宇宙中有数百万个星系,可能存在着数十亿颗行星。从占星学角度来说,我观察到木星正位于狮子宫。从测时法角度来说,我推测现在的时间大概是凌晨三点一刻。从气象学角度来说,我猜明天会是个大晴天。从神学角度来说,我认为上帝无所不能,而我们是如此渺小、如此卑微。呃,天空告诉了你什么呢,福尔摩斯？"

"华生，你这个白痴！我们的帐篷被人偷了！"

我们不知道福尔摩斯到底是如何得出他的结论的，不过他的思维过程可能是这样的：

1. 我之前睡在帐篷里，但现在我看见了星星。

2. 基于和过去类似的经历进行类比，我的直观猜想是有人偷走了我们的帐篷。

3. 我们可以通过排除其他猜想来证实该猜想：

   a. 也许帐篷仍然在这里，只不过有人在帐篷顶上投影了一张星图。基于我过去关于人类行为的经验，以及理应出现在帐篷里却显然不在的投影仪器，这个猜想无法成立。

   b. 也许帐篷被风吹走了。基于我过去的经验，这么大的风或许不会吵醒华生，但一定会吵醒我，因此这个猜想也无法成立。

   c. 诸如此类的猜想……

4. 不，我认为我一开始的猜想多半是正确的。我们的帐篷被人偷了。

这就是归纳法。多年来，我们一直在用错误的术语称呼福尔摩斯的推理技能。

可证伪性

病人：昨晚我梦见自己跟詹妮弗·洛佩兹和安吉丽娜·朱莉同床共枕，三人翻云覆雨了一整晚。

心理医生：很显然，你有一个根深蒂固的欲望，就是想跟你母亲睡觉。

病人：什么？！但那两人没一个长得像我妈啊！

心理医生：啊哈！这就叫反向形成[1]！你显然在压抑自己真正的欲望。

上面这则并不是什么笑话，事实上某些弗洛伊德学说的信徒，就是用这种方式推理的。他们的推理存在一个问题，即想象不出能够反驳俄狄浦斯[2]理论的现实情况。20世纪哲学家卡尔·波普尔在批判归纳逻辑时表示，一项理论要想站得住脚，就必须具备

1　心理学名词，一个陷入反向形成的人压抑引起焦虑的情感，然后激烈地表述了恰恰相反的情感。

2　俄狄浦斯是希腊神话中忒拜（Thebe）的国王拉伊俄斯（Laius）和王后伊俄卡斯达（Jocasta）的儿子。他在不知情的情况下弑父并娶了自己的母亲。俄狄浦斯情结在弗洛伊德心理学上指代恋母情结。

可证伪性,也就是能够证明该理论在某些可能的情况下是错的。在上面这则伪笑话中,不存在任何弗洛伊德学派心理治疗师会承认其理论为错误的情况。

下面是一则**真的**笑话,这则笑话更加一针见血地表达了波普尔的观点。

两个男子正在做早餐。其中一人在给吐司涂黄油,边涂边说:"你注意过没?如果你失手掉了一片吐司,总是涂了黄油的那面着地。"

另一人回答:"不可能,我敢打赌之所以你这么认为,是因为一旦涂了黄油的那面着地,清理地面就特别烦人。我敢说,两面着地的概率是一样大的。"

提问的那人说:"哦,是吗?看着。"他把吐司扔到地上,结果涂了黄油的那面朝上。

另一人说:"你看,我就说嘛。"

一开始的那人回答:"哦,我知道了。我涂错面了!"

对这个人来说,他的理论无懈可击。

演绎逻辑

演绎逻辑是从一般到特殊的推理。演绎论证的基本模型就是三段论——"人终有一死；苏格拉底是人；因此苏格拉底也终有一死。"令人吃惊的是，人们经常会乱用演绎逻辑，这么来论证——"人终有一死；苏格拉底终有一死；因此苏格拉底是人。"这样的论证不合逻辑。这就像是在说——"人终有一死；我儿子养的仓鼠终有一死；因此我儿子养的仓鼠是人。"

另一种乱用演绎论证的情况是在错误的前提下进行论证的。

一位老牛仔走进酒吧点了杯酒。正当他坐在那儿呷着威士忌的时候，来了一位年轻女子，坐到他身边。她转过身问老牛仔："你是个真正的牛仔吗？"

老牛仔回答道："嗯，我一辈子都待在牧场里，牧马啊，修围栏啊，给牛打烙印啊，所以我想我应该算是个牛仔。"

那位女士接着说："我是个女同性恋。我整天脑子里都在想女人。早上一起床就想。洗澡或看电视的时候也在想，似乎什么事都能勾起我对女人的念想。"

过了一小会儿，一对夫妇坐到了老牛仔旁边，问道："你是个真正的牛仔吗？"

他回答："以前我一直以为我是，但刚刚我发现自己是个女同性恋。"

如果要刨根究底地分析这位牛仔的论证错在哪里，可能会很有趣，也可能很无聊。无论如何，我们都要来分析一下。

在他回答第一个关于他是不是真正牛仔的问题时，他如此推理：

- 如果有人一辈子都做着牛仔范儿的事，那么他就是个真正的牛仔。
- 我一辈子都做着那些牛仔范儿的事。
- 因此我是个真正的牛仔。

那位女士如此推理：

- 如果一个女人整天都在想女人，那她就是个女同性恋。
- 我是个女人。
- 我整天在想女人。
- 因此我是个女同性恋。

当这位牛仔根据推理得出同样的结论时，他假定了一个前提，而该前提在他的情况下是错误的：即条件（2）：我是个女人。

好吧，我们可从来没说过哲学和笑话**没什么两样**。

基于类比的归纳论证

这世上不存在类比论证。好吧，我觉得可能是鸭子[1]。而在回答"宇宙由何物或何人创造"这个问题时，有人就运用了类比论证。他们认为，由于宇宙类似钟表，所以肯定存在一个钟表匠。正如18世纪英国经验主义学者大卫·休谟指出的，该论证经不起推敲，因为除非存在另一个宇宙，否则没有什么东西能够和整个宇宙进行类比，所以我们不能用任何仅是**这个**宇宙一部分的东西来充当宇宙。为什么非得是钟表？休谟抛出这个问题。为什么宇宙不能和一只袋鼠类比？毕竟这两者内部都是有机互联的。不过，拿袋鼠来类比会得出一个有关宇宙起源截然不同的结论，即我们生活的宇宙是另一个宇宙与第三个宇宙发生性关系之后的产物。类比论证的根本问题在于，它认为由于A事物的某些方面与B事物类似，所以A事物的其他方面也与B事物类似。事实并不一定如此。

---

[1] 维特根斯坦在《哲学研究》中，引用了一张既可以看成鸭子又可以看成兔子的暧昧图形，哲学上称之为"鸭兔错觉"。文中以此来揶揄类比论证。

近来，钟表论证随着智慧设计"理论"又一次登台亮相，该理论认为自然界中的物质（如雪花、眼球、夸克等）结构极为复杂，因此一定存在一位极其睿智的设计者。当宾夕法尼亚州多佛学区的教育委员会因为将智慧设计论定为进化论的"替代理论"，并将其添加到学校课程中而被告上法庭备受质疑时，主审法官约翰·琼斯三世裁定，这些人实际上应该回学校再读读书。琼斯经常用机智的方式写下自己的见解，他情不自禁地嘲弄了被告席上那些所谓的专家证人。比如，有一位教授虽然承认类比论证存在瑕疵，却认为"这种方法在科幻电影中仍有用武之地"。下一位证人，哦拜托！

类比论证的另一个问题在于，如果观察的角度不同，得出的类比会大相径庭。

三个工程学专业的大学生在讨论设计人体的上帝到底是什么职业。第一个学生说："上帝肯定是个机械工程师。瞧瞧我们身上所有的关节。"

第二个学生说："我觉得上帝肯定是个电气工程师。我们的神经系统拥有成千上万个电路接口。"

第三个学生说："实际上，上帝是个土木工程师。除了干这一行的，还有谁能想到把输送有毒废料的管道埋在娱乐区域下方呢？"

最后我们会发现类比论证并不能让人满意。当谈到诸如上帝是否存在这类基本信念时，类比论证无法提供我们想要的确定性。大概除了高中生的类比，再没有什么能比哲学家误用的类比更糟糕了。我们来观摩一下由《华盛顿邮报》举办的"高中作文最差类比大赛"获奖作品吧：

- "残酷的命运让这对不幸的恋人许久不得见面，他们就像两列货运火车，穿过草地奔向对方。一列在下午6点36分离开克利夫兰，时速89千米，另一列则在晚上7点47分从托皮卡出发，时速56千米。"
- "约翰和玛丽素未谋面，像两只素未谋面的蜂鸟。"
- "小船轻柔地漂过池塘，这种感觉和保龄球完全不同。"
- "从阁楼上传来了一声怪异的嚎叫。整个景象恐怖而离奇，就像你在另一座城市度假，本应于晚上7点30分发生的危险，7点就发生了。"

"以先后为因果"的谬误

首先谈谈该术语的社交用途：在某些圈子里，如果你一本正经地讲出这句话，就能在派对上交好运。有趣的是，一旦你用大白话说出这个词组，就会得到完全相反的效果："在这之后，所以因为这。"你可以去试试。

这个词组描述了一种错误逻辑，即因为第二件事**紧随**第一件事发生，就认为第二件事是由第一件事**引起**的。鉴于某些显而易见的原因，这种错误逻辑在社会政治演讲中十分普遍。

事后归因在某些文化里能给生活带来更多欢乐："公鸡打鸣时太阳升起，因此肯定是公鸡的鸣叫才让太阳升起的。"谢啦，公鸡！或者拿我们的一位同事举例：

她每天早上都出门走到前廊那里大喊："让这幢房子免受虎患吧！"然后回房。

后来我们问她："你为什么要这么做呢？这儿方圆三千米内都没有老虎啊。"

她回答道："看见了吧？我的喊话奏效了！"

事后归因类笑话的激增和人类错觉的增多成正比。

一位年长的犹太绅士娶了一位年轻小姐为妻,两人十分相爱。然而,就算丈夫在床上使出浑身解数,妻子依然无法达到高潮。由于任何一名犹太妻子都有权享受云雨之乐,所以两人决定向拉比请教。拉比听了他们的事之后,轻抚胡须,提出了以下建议:

"雇个高大魁梧的年轻男子,你们行房的时候让他在你们上方挥舞毛巾。这样会有助于妻子进入幻想,从而达到高潮。"

他们回家后遵循了拉比的建议,雇了一位帅小伙,让他在两人行房时挥舞毛巾。然而这个建议并没有什么用,妻子依然没有得到满足。

夫妻俩困惑不解,又回去找拉比。拉比对丈夫说:"好吧,这次换着来。让那个年轻人和你妻子行房,你在他俩上方挥舞毛巾。"夫妻俩再次遵循了拉比的建议。

那位小伙和妻子同房,而丈夫则负责挥舞毛巾。小伙以极大的热情投入工作,很快妻子就大声尖叫着来了一次地动山摇的高潮。

丈夫微微一笑,看着年轻人,得意地说:"傻了吧,毛巾应该这么挥才对!"

好了,关于事后归因类,我再讲最后一个笑话。我保证是最后一个。

疗养院里，一位八旬老人走到一位穿着桃红色紧身裤的老太太面前，说："今天是我的生日！"

老太太答道："好呀，我打赌我能分毫不差地说出你的年龄。"

"真的？你要怎么做？"

老太太说："很简单。把裤子脱了。"

老头把裤子脱了下来。

老太太继续说："不错，现在把你的内裤也脱了。"

老头照做了。那位老太太抚摸了他片刻，说道："你今年84岁了！"

老头问："你怎么知道的？"

老太太回答："你昨天告诉过我了。"

这位老人被书中提到的一种老掉牙的把戏给骗了，即以先后为因果的谬误——她猜中年龄，是在摸了他的下体之后，所以说，她之所以能猜中他的年龄，是因为摸了他的下体……也正是这里提到的"因"，每次都能把你搞糊涂。

总而言之，我们之所以会误信以先后为因果的谬误，是因为我们没能注意到还有另一个原因在起作用。

一个纽约男孩正跟着他的表弟穿越路易斯安那州的沼泽。这个城里来的男孩问道:"有人说,要是你拿着手电筒,短吻鳄就不会攻击你,这是真的吗?"

他的表弟回答道:"这取决于你拿着手电筒时跑得有多快。"

这个城里长大的男孩把手电筒看作因,实际上它只是个道具。

蒙特卡洛谬误

赌徒们都知道蒙特卡洛谬误。不过要是听说这其实是个谬误,其中有些人估计会大吃一惊。他们很可能一直把这个谬误当成策略来用。事实上,荷官就是靠这个吃饭的。

我们都知道,在红、黑区域各占一半的轮盘赌游戏中,指针有 50% 概率停在红色区域。如果我们多次转动轮盘(比如转 1000 次),同时轮盘也没被动过手脚或者有其他问题,那么平均下来,指针应该有约 500 次停在红色区域。因此,如果我们转了 6 次,轮盘指针都停在黑色区域,我们就很容易觉得下一轮赌红色胜算更大。红色是"理应出现的",对吧? 错了。轮盘在第七次中停留在红色区域的概率和之前任何一轮一样都是 50%,不管之前指针在黑色区域连续停留了多少次,这个概率都不会发生改变。

以下是一条基于蒙特卡洛谬误提出的明智建议:

如果你打算搭乘一架商业航班,出于安全考虑最好随身携带一枚炸弹……因为同一架飞机上有两个人携带炸弹的可能性太低了。

循环论证

在循环论证中,支持某一命题的证据包含命题本身。循环论证经常能自成一则笑话,完全不需要添砖加瓦。

秋天到了,保留地的印第安人询问他们的新酋长今年冬天会不会很冷。然而,这位新酋长从小生活在现代社会,完全没学过印第安人古老的秘法,根本无从得知今年是冷冬还是暖冬。为了保险起见,他建议整个部落收集木材,以免碰上冷冬。几天后,这位酋长想到了一个实用的办法,他打电话到国家气象局,询问他们根据预测今年冬天是不是冷冬。气象学家回答说,的确,他认为今年冬天会挺冷的。于是,酋长建议部落囤积更多的木材。

几周后,酋长再次致电气象局,问道:"现在来看,今年冬天还是会很冷吗?"

气象学家回答:"当然了,今年冬天看来将极为寒冷。"于是,酋长建议部落把能收集到的木材全部收集起来。

又过了几周,酋长再一次致电气象局,询问对今年冬天的最新预测情况。气象学家说:"我们现在预测,今年的冬天将是有气象记录以来最冷的一个冬天!"

酋长说:"真的吗?你凭什么这么肯定呢?"

气象学家答道:"因为印第安人正发疯似的收集木材!"

这位酋长认为部落需要囤积更多木材,而支撑此观点的证据却是他在囤积更多木材。幸运的是,他锯木头不用手,用的是电圆锯。

诉诸权威的论证谬误

诉诸权威的论证是我们一位上司最喜欢的论证方法之一。引用权威观点来支持自己的论证,本身并非一种逻辑谬误,因为专家的看法和其他证据一样都是合理证据。真正的谬误所在是,不管与你对立的观点有多令人信服,你仅凭对权威的崇拜就肯定了自己的观点。

特德见到了他的朋友阿里,惊呼道:"阿里!我之前听说你死了!"

阿里大笑道:"并没有啊。你看,我还活得好好的。"

特德回答:"不可能,告诉我这个消息的人比你可靠多了。"

权威论证中起作用的总是当事人心中无比权威的那个人。

一男子走进宠物店,要看鹦鹉。店主给他看了两只漂亮的鹦鹉:"这只5000美元,那只10000美元。"

男子说:"哇哦!这只5000美元的会干什么呢?"

店主回答:"这只鹦鹉会唱莫扎特写的所有咏叹调。"

"那另一只呢?"

"它会唱瓦格纳的整部《尼伯龙根的指环》。外面还有一只鹦鹉,值30000美元。"

"天哪!它又会干什么?"

"我也不知道,不过这两只鹦鹉叫它'大师'。"

根据我方权威人士的说法,某些权威的可信度比其他权威要高。而当权威们意见相左的时候,问题就出现了。

四位拉比过去常聚在一起讨论神学问题,其中三位总是观点一致，一起围攻第四位。有天这位拉比又以1：3的结果输了，他走出门决定向更高级的权威申诉。

他大喊道："啊，上帝啊！我心中明白自己是对的，错的是他们！请赐我一个征兆，向他们证明这一切吧！"

拉比的祈祷话音刚落，说时迟那时快，原本艳阳高照的天空突然阴云密布，笼罩着四位拉比。雷声隆隆，然后逐渐消散。"来自上帝的征兆！看见了吧，我是对的，我就知道！"但另外三位拉比并不同意，他们指出大热天经常会变天打雷。

于是那位拉比再次祈祷："啊，上帝啊，我需要一个更大的征兆来展示我是对的，他们是错的。所以上帝，请赐我一个更大的征兆吧！"这一次空中出现了四朵乌云，它们互相靠拢聚成了一大朵乌云，同时一道闪电击中了附近山丘上的一棵树。

这位拉比大喊："我就说我是对的！"然而他的朋友们坚持认为，目前为止发生的一切都能用自然原因解释。

于是这位拉比准备去求一个非常非常大的征兆，正当他开口说道"啊，上帝啊……"的时候，天空突然一片漆黑，大地震颤，一个低沉而洪亮的嗓音缓慢庄重地说："他！是！对！的！"

这位拉比双手叉腰，转身对另外三个人说道："还有什么话要说吗？"

其中一位拉比耸耸肩，说："好吧，那现在算3：2。"

芝诺悖论

所谓悖论，就是某一看似合理的推理基于看似正确的假设之上，结果却得出了前后矛盾或明显错误的结论。稍微改换几个词，这个定义便成了笑话的定义——至少本书中的大部分笑话就是如此。正确的东西以特别合乎逻辑的方式推导出错误的东西，这会让人觉得有些摸不着头脑，而让人摸不着头脑的地方就是笑点。脑中同时存在两种互相矛盾的想法会让我们晕头转向。最重要的是，你可以通过在派对上讲一个难解的悖论博取众人一笑。

当谈到同时存在两种互相排斥的想法这一问题时，就不得不提一下来自埃利亚的芝诺[1]。你听说过他讲的阿基里斯和乌龟赛跑的故事吗？阿基里斯自然比乌龟跑得快，所以乌龟被放在阿基里斯前方很远处起跑。随着发令枪响（或者用公元前5世纪的说法，随着标枪掷出），阿基里斯的第一个目标是到达乌龟的起跑点。当然，到那时乌龟肯定已经往前爬了一小段路了。所以现在阿基里斯必须跑到乌龟目前所处的**那个**地点。等他到那里时，乌龟又爬到前面去了。不管阿基里斯到达乌龟之前所处的那个位置多少次（即使他尝试无数次），他永远都追不上乌龟，尽管他和乌龟之间的距离能够无限缩短。而乌龟只需要不停地向前爬就能赢得

---

[1] 古希腊数学家和哲学家，埃利亚学派的代表人物。

比赛。

好吧,芝诺毕竟不是雷诺[1],作为一位公元前5世纪的哲学家,他已经算不错了。另外,就像先前那些经典脱口秀演员一样,芝诺可能会说:"这样的段子我还有100万个呢。"事实上,只有4个。另一个是跑道悖论。

为了到达跑道终点,参赛者首先就得跑完无数段路程。他必须先到达跑道中点,再到达剩下距离的中点,接着到达依然剩下的距离的中点,以此类推。从理论上来说,由于他不得不到达无数个中点,所以他永远不可能到达跑道终点。显然事实并非如此。这一点就连芝诺都能看出来。

下面是一则经典笑话,简直就像从芝诺嘴里讲出来的:

售货员:"女士,这款吸尘器能让您的工作量减少一半。"
顾客:"太棒了!给我来两台!"

这则笑话有点古怪。跑道悖论违背常识,所以即使我们搞不清楚到底哪里出了问题,我们依然会肯定**某个地方**出了问题。然而在这则吸尘器笑话里,芝诺的推理一点都不矛盾。如果这位女士的目的是不花任何时间就做完家务,那么没有哪种省时的吸尘

---

[1] 杰伊·雷诺,美国著名脱口秀主持人。

器（或者和她同时操作吸尘器的人）能胜任该任务。同时使用两台吸尘器只会将清理地毯的时间缩短 3/4，同时使用三台则缩短 5/6，随着吸尘器数量的无限增加以此类推。

逻辑和语义悖论

　　逻辑和语义悖论之母是罗素悖论。该悖论以它的作者命名，也就是 20 世纪的英国哲学家伯特兰·罗素。这一悖论即："若某集合由一切不属于自身的集合所组成，那该集合包含于自身这一说法是否成立？"如果你说了这句话，同时又具有数学高等学位，那这句话的影响力肯定就特别大了。不过等一下。幸运的是，20 世纪，另外两位逻辑学家格里林和尼尔森提出了通俗版的罗素悖论。这是一则基于词汇自指概念的语义悖论。

　　比如说，有两种不同类型的词汇，一种能够指代自身（自谓），另一种不能指代自身（他谓）。自谓词的范例有"短"（short，一个很短的单词），"多音节的"（polysyllabic，这个词有好几个音节），以及我们的最爱"17 个字母的"（seventeenlettered，恰好 17 个字母）。他谓词的范例有"膝外翻的"（genu valgus，词里既没有膝盖这个器官，也没有触摸或其他类型的身体接触）、"单音节的"（monosyllabic，这却是个多音节词）。问题是："他谓"这个词是自谓的还是他谓的?如果是自谓的,那么该词就符合他谓的定义。如果是他谓的,那么该词就符合自谓的定义。哈!哈!

还不觉得好笑吗?好吧,这儿还有个例子能把哲学概念转化成好笑的故事,以便人们理解:

有一座小镇,镇上唯一的理发师(顺带一提,是个男的)负责为全镇人刮胡子,但他只为那些不会自己刮胡子的小镇居民服务。那么,这位理发师给自己刮胡子吗?

如果他自己刮胡子,那他就不会为自己刮胡子。如果他自己不会刮胡子,但他明明会刮胡子啊。

下面这则罗素悖论是为派对准备的。

我们不常进女洗手间,所以没法确定里面发生了什么。不过我们知道男性读者们对男洗手间(尤其是大学里的男洗手间)隔间墙上以涂鸦形式出现的悖论很熟悉。这些悖论都是类似于罗素悖论和格里林-尼尔森悖论的逻辑或语义悖论,只不过更机灵一点。还记得吗?还记得看到这些话的时候,你当时坐在哪间吗?

判断对错:"这句话是错的。"

或者,如果一个人成功尝试了失败,那么他到底是成功了还是失败了?

纯粹为了好玩,你下次经过小便池的时候可以在上面刻上这句话:"'他谓'这个词是自谓的还是他谓的?"这样做可是很有范儿的。

φ

迪米特里:挺有意思。但上面的这些话和回答那些大问题有什么关系吗?

塔索:嗯,假如你参观了德尔斐的神示所[1],然后问:"德尔斐,这一切都是为了什么呢?"接着神会回答:"生命就像一场野餐,所有野餐都很有趣,因此生命也很有趣。"那么,逻辑学能帮你针对这一回答和他聊上几句。

---

1 德尔斐,古希腊城市,因有阿波罗神殿而出名。神示所是一种古希腊宗教场所,人们可以在此询问神灵关于未来的建议或信息,祭司负责传达神谕。

归纳一跃?

"我说,什么样的小偷只偷一个狗盆就走啊?"

第三章
知识论，关于知识的理论

你怎么知道你了解那些你自以为了解的事物呢？除了回答"我就是知道！"以外，这个问题的另一个答案就是知识论。

ф

迪米特里：塔索，我这会儿感觉不错。我已经充分掌握了逻辑学知识，剩下的事就是去卫城野餐了！

塔索：哪座卫城？

迪米特里：就是那座呀！就在那儿！也许你也该喝点乌佐酒放松放松了，哥们儿。

塔索：但那儿真的是卫城吗？还是仅仅你认为它是卫城呢？你怎么知道它是真实存在的？进一步说，**不论什么事情，你从何得知其真实性？**

迪米特里：下一轮酒算我的。

理性 vs. 启示

如果我们确实能够了解事物,那我们是如何做到这一点的呢?

在中世纪时,这一问题被简化为人类认识的源泉究竟是神的启示还是人的理性。

一男子失足跌入一口深井,他足足下坠了 30 米,才好不容易抓住一条细细的树根止住了坠落。然而他手上的力气正不断流失,他绝望地大喊:"上面有人吗?"

男子抬头望向井口,只能看到一小块圆形的天空。突然,云开雾散,一束明亮的光照在他身上。一个低沉的嗓音如雷声轰鸣:"我是耶和华,我就在这里。放开那条树根吧,我会救你的。"

男子思考片刻,继续喊道:"上面还有别人吗?"

人们挂在一条树根上的时候,内心会更倾向于理性。

17 世纪,勒内·笛卡儿认为认识来源于理性而非神示。这就是后来为人所知的"认识来源于笛卡儿"。笛卡儿大概希望自己从没说过**"我思故我在"**这句话,因为现在人们但凡想到他,就只记得这一句话,以及他是坐在面包炉[1]里说的这句话。仿佛这一

---

[1] 这是笛卡儿本人开的玩笑,他说自己平时住在面包炉里思考哲学。

切还不够糟似的，这句话里的"**我思**"长期被误解，人们以为笛卡儿觉得思考是人类的本质特征。好吧，事实上他确实这么认为，但这和"**我思故我在**"这句话一点关系都没有。笛卡儿是通过一场质疑一切的实验达成"**我思**"的，该实验的目的在于探索世界上是否存在他可以确信的事，换句话说就是他无法质疑的事。笛卡儿从质疑外部世界的存在性开始。他很容易就做到了，也许他当时在做梦或者陷入了幻觉。接下来他试着质疑自己的存在。但在他质疑的过程中，一切观点都与存在质疑者这一事实相矛盾。而质疑者必然是他自己！他无法质疑自己的质疑。如果笛卡儿把那句话改成"**我疑故我在**"的话，就能让自己少受许多误解了。

每位美国刑事审判庭的法官都会要求陪审团模仿笛卡儿寻求确定性的过程，他们遵循一条与笛卡儿的标准一样高的标准来检验被告是否有罪。陪审团面对的问题和笛卡儿的不同。法官也不会询问他们对被告的罪行是否有任何怀疑，他只会问他们是否有合理怀疑。即使这个标准比笛卡儿的标准要低，仍然需要陪审团进行一项与笛卡儿做的实验十分类似而且几乎同样激进的心理实验。

一名被告因谋杀罪出庭受审。虽然有有力证据表明他是有罪的，但并未找到尸体。在总结陈述中，被告律师要了个花招，他说："陪审团的各位女士、先生，我为你们准备了一个惊喜——

已经被推定死亡的受害人会在一分钟内走进法庭。"

他看向法庭大门。震惊的陪审团成员们也都急切地朝大门张望着。一分钟过去了,什么都没有发生。最后,那位律师说:"事实上,刚刚那个受害人走进法庭的事是我编造的。但你们全都满怀期待地看向了大门。因此我认为在本案中,关于是否有人被害存在合理怀疑,我必须坚决要求你们给出'无罪'裁决。"

陪审团退出法庭进行商议。几分钟后,他们回到法庭,宣布给出"有罪"裁决。

律师大吼:"你们怎么能这么做?你们心中肯定抱有怀疑。我看到你们刚刚全都盯着法庭大门。"

陪审团团长答道:"嗯,我们都看了,但你的委托人没看。"

经验论

按照18世纪爱尔兰信奉经验主义的主教乔治·贝克莱的说法,**"存在即被感知"**(Esse est percipi)。也就是说,所谓的客观世界其实全都存在于我们心中。贝克莱认为,我们关于世界的唯一认识就是那些所感知到的事物(哲学家称之为感觉材料)。贝克莱说,除感觉材料之外,你无法推断出其他任何事物,比如你无法推断存在那些散发气场刺激我们感官的物质。不过这位好主教继续推断感觉材料肯定来自某处，所以这里的**某处**必然是指上帝。简单来说，贝克莱觉得上帝在一个宇宙网站上敲打出感觉材料，而我们一周7天、一天24小时都在接收这个网站的数据。（我们还总认为上帝每天工作24小时，但一周只工作6天呢！）

与贝克莱同时期的塞缪尔·约翰逊博士一听说"**存在即被感知**"这个理论，就踢了拴马桩一脚，同时宣称："既然如此，我只能反对贝克莱主教了！"

对贝克莱来说，这件事听起来大概很好笑。约翰逊博士踢的那一脚和踢完之后疼痛的脚趾只能证明上帝正忙着给他发送经过调整的感觉材料：首先感觉到脚的运动停止，随后立即感到了疼痛。

如果我们的感觉材料来自另一个人，事情就会变得越发复杂。

一男子觉得自己妻子的耳朵越来越背，很担心，于是向医生咨询。医生建议他在家里做一个简单的测试：站在她背后问她问题，先在六米外问，然后在三米外问，最后直接在她身后问。

于是男子回了家，他看见妻子面向灶台站在厨房里。他站在门口问道："今天晚饭吃什么？"

没有回答。

男子走到了三米远的地方，再次问道："今天晚饭吃什么？"

仍然没有回答。

最后，男子直接站在妻子身后问："今天晚饭吃什么？"

妻子转过身说道："我说三遍了！吃鸡！"

此刻，这对夫妻之间产生了很严重的感觉材料理解问题。

科学方法

如今大家似乎不用动什么脑筋就能知道，我们是通过感官获取外部世界的知识的。不过情况并非一直如此。过去，许多哲学家认为我们脑中具有一些与生俱来，或者说先于经验存在的观念。其中一部分人认为我们关于上帝的观念是与生俱来的，另一部分人则声称我们关于因果的观念同样与生俱来。

即便到了今天，当有人说"一切皆事出有因"或者"我相信轮回转世"的时候，他的观点仍然无法靠经验来证实或推翻。但我们中的大多数人接受感官经验能够最有力地证明有关外部世界说法的真实性，从这个角度来看，我们都是经验主义者。换句话说，除非我们是下文中的波兰国王，而只有他一人独树一帜，恰好证明了我们大多数人都是经验主义者。

波兰国王在公爵、伯爵等众多贵族的陪伴下出宫猎鹿。当他们刚要接近树林时，一个农奴从树后面跑了出来，激动地挥舞手臂大喊道:"我不是驼鹿!"

国王搭弓瞄准,一箭穿心。农奴当场毙命。

一位公爵说:"陛下,您为什么这么做呢?他都说了他不是驼鹿了呀。"

国王回答:"天哪,我还以为他说自己曾经是一头驼鹿,只是现在不是了呢!"

好,现在我们把这位国王和一位厉害的科学家放在一起做个比较。

一位科学家开车带着老婆在乡下兜风。他老婆说:"噢,看哪!那些羊的毛都被剪了。"

科学家回答:"是啊,我们能看到的这面都被剪了。"

乍看之下,我们也许会觉得文中的妻子不过是说出了一个基于常识的观点,而科学家则采取了更谨慎、更具科学性的视角来看这件事,因为他不想超越自己感官所提供的证据妄下定论。但我们恐怕搞错了。事实上,反而是妻子做出了一个大多数科学家认为更具科学性的假设。经验主义者的"经验"不仅限于直观的感官经验。科学家利用他们先前的经验来估算概率并推得更具概括性的说法。实际上,文中妻子真正的意思是:"我看到了至少被剪掉一边羊毛的羊。根据我先前的经验,农夫一般不会只剪一边的羊毛。即使这个农夫真这么做了,但山坡上所有羊都把剪掉毛的一面对着公路的可能性微乎其微。因此,我可以肯定地说:'那些羊两边的毛都被剪掉了。'"

我们就当笑话中的科学家是个受教育程度过高的书呆子吧。通常情况下,只要有人不能从先前的经验中做出推理,我们就会觉得那人脑子有问题,或者用印度人的话来说,那人就是个萨达尔[1]。

新德里的一名警官正在给三个萨达尔做探员岗前培训。为了测试他们识别嫌疑人的能力,警官拿出嫌疑人的画像,给第一个萨达尔看了五秒嫌疑人画像,然后把画像藏起来,问道:"这就是嫌疑人。你怎么才能把他辨认出来?"

第一位萨达尔回答:"很简单,这个人只有一只眼睛,我们很快就能抓到他。"

警官说:"你这个萨达尔!你只看到一只眼睛,因为我给你看的是幅侧面像。"

接着,警官在第二个萨达尔面前快速展示了画像五秒,然后问他:"这就是嫌疑人。你怎么才能把他辨认出来?"

---

[1] 萨达尔指印度锡克教徒,有些印度人对锡克教徒有成见,认为他们都很愚蠢。

第二位萨达尔笑了笑说:"哈!要抓他太容易了,因为他只有一只耳朵!"

警官生气地回答:"你们俩是怎么回事?我给你们看的是嫌疑人的侧面像,所以他当然只有一只眼睛和一只耳朵!这就是你们能想出的最好答案?"

气急败坏的警官给第三个萨达尔看了画像,不耐烦地问道:"这就是嫌疑人。你怎么才能把他认出来?"

第三个萨达尔聚精会神地盯着画像看了一会儿,说道:"这个嫌疑人戴隐形眼镜。"这个回答让警官一愣,因为他压根儿不知道嫌疑人到底戴不戴隐形眼镜。他说:"嗯,答得挺有意思。你在这里等一会儿,我去看看他的档案,然后再来跟你说。"

警官回到自己的办公室,用电脑查看了嫌疑人档案,回来的时候面带微笑说:"哇哦!难以置信,你竟然说对了!嫌疑人确实戴着隐形眼镜。干得漂亮!你怎么能观察得如此细致呢?"

那个萨达尔答道:"很简单。这个嫌疑人只有一只眼睛和一只耳朵,他没办法戴普通眼镜呀。"

我们不假思索地认为所有人都把经验主义当作验证方法,这恰恰反映了经验主义在西方知识论中取得的成功。

三位女士在更衣室里换衣服准备打壁球。这时,一个头上套着纸袋子的裸男从她们面前跑了过去。第一位女士看了一眼他的下体说:"嗯,这不是我老公。"第二位女士说:"的确不是。"第三位女士说:"他甚至都不是这家俱乐部的会员。"

不过,即使经验主义和科学大获成功,很多人仍然把某些不寻常的事件当作奇迹而非自然因素造成的结果。对此表示怀疑的英国经验主义者大卫·休谟说过,除非其他所有可供选择的解释都更不切实际,否则把某一事件当作奇迹就是完全非理性的行为。比如说,有一男子声称自己家的棕榈盆栽会唱歌剧《阿依达》(*Aida*)里的咏叹调。你觉得以下哪种情况更不切实际?是这株棕榈盆栽违反了自然界规律,还是该男子疯了,或者撒谎了,或者吃了致幻蘑菇产生了幻觉?休谟的回答是:"拜托!"(这里我们换了个说法。)鉴于该男子撒谎或者歪曲事实的可能性总比违背自然规律的可能性来得大,因此休谟就能预料到,不管在什么情况下,把这件事当成奇迹都是不理智的行为。多说一句,众所周知,比起威尔第,棕榈盆栽更喜欢普契尼。

有趣的是,在下面这则故事中,认同休谟观点的比尔显然从一开始便对奇迹心存疑虑,但到最后不得不得出结论,即奇迹之外的另一种解释更加无法成立。

有一天,比尔跟朋友抱怨胳膊肘痛。朋友建议他去拜访住在附近山洞里的一位大师："你只需要在山洞外面留一份尿样就可以了，他会进行冥想，然后奇迹般地诊断出你的问题，并且告诉你该怎么办。只要花上 10 美元就行了。"

比尔觉得反正也不吃亏，于是就把一罐尿和一张 10 美元纸币放在了山洞外。第二天，他回去看的时候发现了一张字条，上面写道："你得了网球肘。把手臂泡在温水里，避免提重物，两周之内就会好转。"

当晚，比尔开始觉得这位大师的"奇迹"是他朋友搞的鬼，他完全可能自己写张字条放在山洞外面。于是比尔决定报复一下他的朋友。他把水龙头里的水、自家狗在院子里留下的尿样，以及妻子和儿子的尿样混合到一起，此外，他还加入了自己的另一种体液，随后把混合物和 10 美元一起放在了山洞外面。接着，他打电话告诉朋友自己又有了其他健康问题，所以他给大师送去了新的尿样。

第二天，比尔返回山洞找到了另一张字条，上面写道："你家自来水水质太硬，该买个软水器。你家的狗有寄生虫，该给它买点维生素。你儿子吸可卡因，该带他去戒毒所。你妻子怀了一对双胞胎女儿，但孩子不是你的，该找个律师。还有，如果你继续自慰下去，网球肘就永远都别想好了。"

不过通常来说，在笑话和哲学领域，怀疑论的解释往往占上风。

老布鲁姆"大夫"是当地五金店的店主,因为能奇迹般地治愈关节炎闻名遐迩。这天,他店门外候诊的"病人"排起了长龙。这时,一位矮小的老妇人拄着拐杖挪进店来,背驼得厉害。

轮到她的时候,她走进商店里屋。令人惊讶的是,半小时不到,这位老妇人就昂首挺胸地走了出来。

在队伍里等待的一位女士说:"真是奇迹!您来的时候,人都快对折了,现在却能直着背走路。医生对你做了什么?"

老妇人回答:"他给了我一根长一点的拐杖。"

显然,盲人也能和下面这则故事里的人一样成为经验主义者,尽管他的经验中不包括视觉材料。

逾越节[1]期间,一个犹太人在公园吃午饭。一个盲人坐到他身旁,于是那位犹太人就从自己的午饭里拿出一块无酵饼[2]分给了他。盲人接过薄饼用手摸了一会儿,说:"这破玩意儿谁写的?"

---

1 又称除酵节,犹太人最古老和隆重的节日,是为纪念历史上犹太人在摩西领导下成功摆脱埃及的奴役,为感谢上帝的拯救而设立的节日。325年,在罗马皇帝君士坦丁主持的尼西亚宗教会议上被废除。

2 逾越节期间,犹太人吃的一种用无酵面粉制作的扁而薄的硬面饼,上面常有花纹或凸起。

下面这则故事中的男子犯了个荒谬的错误——认为盲人没有其他感官验证的途径。

一男子牵着狗走进酒吧买酒喝。酒保说:"狗不能带进来!"该男子面不改色心不跳地回答:"这是我的导盲犬。"

酒吧说:"噢,真是抱歉,哥们儿。拿着,这杯算我的。"男子拿着酒杯走向靠门的桌边。

又有一男子牵着狗走进酒吧。第一个来的男子拦住他说:"这儿不让狗进来,除非你跟酒保说它是导盲犬。"第二个来的男子真诚地道谢,接着走到吧台边点酒。酒保说:"喂,不准狗带进来!"

男子回答道:"这是我的导盲犬。"

酒保说:"骗谁呢?没人会用吉娃娃当导盲犬的。"

男子愣了半秒,回答:"什么?!他们给我的是吉娃娃?!"

德国唯心主义

噢,得了吧!一个客体除了包含感官材料之外,肯定还包含其他东西。这个东西也许就藏在客体背后的某处。

18世纪的德国哲学家伊曼努尔·康德就是这么认为的。他说,英国经验主义者的著作把他从教条主义的睡梦中唤醒。康德曾经假定我们的思想能确定无疑地为我们描绘世界的真实模样。然而经验主义者们证明，由于我们通过感官获取关于外部世界的认识，所以从一定意义上来说，我们获得的知识总是不确定的。一颗草莓只有凭借特定感官（我们的眼睛和味蕾）去感受，才会呈现红色和甜美的特点。我们都知道有些人的味蕾与众不同，也许他们会觉得草莓一点都不甜。所以康德抛出一个问题——草莓"自体"的何种特质令其呈现红色和甜美的特点，或者说，令其通过我们的感官呈现红色和甜美的特点？

我们也许觉得，即使我们的感官无能为力，科学依然能告诉我们事物的"真实自体"。然而仔细想一想，科学并没有真的让我们离草莓的自体更近一步。事实上，声称草莓中的某种化学成分和人体中的某种神经构成决定了草莓尝起来是甜还是酸毫无用处。同样，声称该化学成分是草莓的"真正"自体也毫无用处。当我们说"某种化学成分"的时候，其实我们只是想表达"草莓经过特定器官时我们观察到的效果"。草莓经过器官仅仅告诉了我们草莓在经过这些器官时所呈现出来的样子，就像我们咬一口草莓之后只能知道草莓经过味蕾时是什么样的而已。

康德总结道，我们无法了解任何事物的自体。他说，**物自体**（事物的本体）"等同于未知数"。我们只能了解**现象**的世界，但无法了解现象背后伟大的**本体**世界。

康德的这句话引发了哲学界的典范转移[1]。理性无法告诉我们感觉之外的世界。同时,贝克莱的材料神授论或者任何阐释世界的形而上学观点都无法靠纯粹理性解释。哲学由此天翻地覆。

秘书:医生,有个隐形人在候诊室里候诊。

医生:告诉他我看不见他。

也许你觉得这则笑话在解释康德关于现象和本体的区别方面帮助不大。这是因为该笑话在翻译过程中丢失了精髓。下面是我们最初在柯尼斯堡大学的地下室酒吧里听到的版本:

秘书:医生,有个物自体在候诊室里候诊。

泌尿科医生:又来了个物自体!今天要是再让我碰见物自体,我就要大声尖叫了!物自体是个什么人?

秘书:我怎么知道?

泌尿科医生:描述一下他。

秘书:您在开玩笑吧!

---

1 又称范式转移或思角转向,指一种在基本理论上从根本假设的改变。

好了，你看完了，这便是原始版本的**物自体**笑话。

但这则笑话中蕴含着乍看之下无法察觉的深意。出于一些不可告人的理由，这位秘书没有把能证明自己看到一个**物自体在候诊室等待**的证据告诉医生。不管她的证据是什么，这一证据肯定是现象的！（如果你跟着我们的思路一起思考了。）她是怎么发现的？肯定是感官世界中的某物告诉她的。也许是**第六感**，也许只是五感之一，在某种程度上说必然是某种感觉在起作用。后续故事是，这位秘书以康德的《**纯粹理性批判**》为主题完成了她的博士论文，之后发现自己除了当秘书和操作电炸锅之外，做不了其他的工作。因此她把医生提出的"描述他"这一要求理解成了"描述他现象背后的本质"，而不是"你体验到了什么样的感官现象"。那么，我们就能理解为什么她会被这种要求惹恼了。不过之后这位秘书平复了情绪，最终嫁给了医生的表兄弟哈尔穆特，还生了三个可爱的孩子。

对于康德以及他之后的大部分认识论来说，关于知道什么和如何知道的问题，我们可以从如何**有意义地阐述**这两者的角度进行分析。**哪一种关于世界的命题蕴含着对世界的认识？**

为了解决这一问题，康德把命题分为两类：分析命题和综合命题。分析命题是基于定义的真命题。"所有鸭嘴兽都是哺乳动物"就是分析命题。这类命题除了能告诉我们字典上对"鸭嘴兽"的定义之外，并不能提供任何有关真正鸭嘴兽的新信息。另一方面,"有些鸭嘴兽是斗鸡眼"就属于综合命题。它确实给我们提供了新信息,因为"斗鸡眼"不包括在"鸭嘴兽"的定义中。"有些鸭嘴兽是斗鸡眼"让我们知道了一些在字典中查不到的关于鸭嘴兽的信息。

接下来,康德又把命题分为先验命题和后验命题两部分。先验命题指的是那些无须依赖感觉经验,纯粹靠理性就能得出的命题。我们之前提到的"**所有鸭嘴兽都是哺乳动物**"就是先验命题。我们无须去观察一群鸭嘴兽来检验该命题的真伪。我们只需查阅字典即可。另一方面,后验判断则基于对世界的感觉经验。要想确认"有些鸭嘴兽是斗鸡眼"这一判断的真伪,只能去观察一定数量的鸭嘴兽——要么亲自检验,要么相信那些声称自己检验过的人所言。

到目前为止,我们已经了解了先验分析命题("所有鸭嘴兽都是哺乳动物")和后验综合命题("有些鸭嘴兽是斗鸡眼")的例子。康德提出一个问题:"是否存在第三种命题,即先验综合命题?"这类命题能够依靠纯粹的理性为我们提供关于外部世界的新知识。经验主义者认为先验综合认识是不存在的,因为我们关于外部世界的知识来源于感觉经验。但康德说:"等等!那'万事皆有因'这个命题呢?"这是个综合命题,因为它为我们提供了这个世界之中,超越"因"和"事"两个词定义之外的新信息。

同时它也属于先验命题,因为它是靠纯粹的理性而非经验得出的。为什么呢?康德接着说道:"这是因为,如果我们真的拥有理智经验的话,我们就**必须**假设该命题为真。"要是不假设当前情况是由一连串先前事件引起的,那我们就无法了解任何事物了。我们会像生活在电影《穆赫兰道》里一样,所有事件都不按照合乎逻辑的顺序发生。我们将不得不停止对世界做任何陈述或判断,因为我们无法保证这个世界每过一分钟,事事都能连贯发生。

数以百计的笑话都致力于混淆先验分析命题和后验综合命题:

要想长命百岁,有个办法很靠谱——每天吃一个肉丸,吃它个100年。

这则笑话的笑点在于为一个问题提供了先验分析的解决方案,而解决这个问题的方案本应是后验综合的。提出如何靠谱地延年益寿这一问题,显然是想得到有关这个世界的某些信息。"从**经验**来看,有哪些延年益寿的秘诀?"我们希望得到诸如"戒烟"或者"睡前服用400毫克辅酶Q-10[1]"之类的回答。然而这里的

---

[1] 一种存在于自然界的脂溶性醌类化合物,其结构与维生素K、维生素E与质体醌相似。制成的药物具有抗氧化作用。

回答是分析的，同时还用毫不相干的肉丸来混淆视听。"想长命百岁，就活 100 年吧，因为根据通常的定义来说，100 年的确很长寿了。你还可以吃点肉丸。反正它们也不会危害你的健康。"（嗯，也许肉丸里的反式脂肪**会**危害健康，当然，如果你能这样吃上个 100 年，也就没什么关系了。）

这儿还有一则笑话：

乔：真是个唱将，是吧？
布劳：哈！我要也能有这么一副嗓子，我也能这么厉害。

同理。我们所谓的"唱将"，**指的是拥有绝妙嗓音的人**——显然笑话中提到的这位表演者就是这类人。因此布劳提出的"我要是有他那副嗓子，我也能这么厉害"这一命题，并没有告诉我们有关他自己歌唱能力的任何新信息。他真正想说的是："如果我是个唱将，那么我就会是个唱将。"如果布劳不符合唱将的定义，那他就什么都不是。下面这则更复杂的笑话向我们展示了当你把后验综合命题和先验分析命题混为一谈时会发生什么。

一男子正在试穿一套定制西服，边试边对裁缝说："这袖子得裁短一点！长了 5 厘米！"

075

裁缝说:"没关系,你这样弯一下胳膊就行了。看,袖子会缩上去的。"

男子说:"行吧,但你来看看这领子!我一弯胳膊,脖子后面的领子就缩到我后脑勺上了。"

裁缝说:"那又怎样?把你的头抬起来向后靠不就行了嘛。完美。"

男子说:"但现在左肩比右肩低了8厘米!"

裁缝说:"没事儿。身体向左边倾斜一点就一样高了。"

于是男子穿着这套西服走出裁缝店。他的右胳膊朝外弯着,头高高向后仰着,身体还向左倾斜。他只能一瘸一拐地走,活像抽了筋一样。

就在这时,两个路人注意到了他。

第一个路人说:"快看那个可怜的瘸子。真让人同情。"

第二个路人说:"是啊,不过他的裁缝的手艺真是了不得!这套衣服做得简直太合身了。"

综合对阵分析,对吧?(这里我们不讨论布料。)路人觉得"这个人的裁缝给他做了一套特别合身的衣服",这是一种**后验综**合命题,目的是基于观察,提供有关裁缝及其显而易见的制衣能力的信息。但对裁缝来说,"我做的这身套装完美合身"是分析命题。这就像是在说"我做的这身套装是我做的套装"。因为按照裁缝让男子调整姿势来适合西装的方法，**任何一套西装都会很合身**。

康德的钟

康德坚持纯粹理性至上，以至于他认为解决知识问题无须凭借个人经验。因此，他一生都没有离开自己的家乡柯尼斯堡，而是按照极其规律的作息习惯（比如每天晚饭后散一会儿步）过着独居生活。据说柯尼斯堡的居民会根据康德教授每天在同一条街上来回散步时所处的位置来校准时钟（后来这条街得名Philosophengang，即"哲学家之路"）。

相比之下更不为人知（可能因为这件事真实性待考）的是，柯尼斯堡大教堂的司事也靠观察康德每天的散步过程来确认教堂钟楼的时间。反过来，康德又根据教堂钟楼显示的时间规划散步路线。

一起聊聊容易混淆的分析和综合吧！康德和教堂司事都以为自己通过观察对方的行为得到了新信息。康德觉得通过观察教堂钟楼的时间，自己就能知道权威的德国标准时间，而这一时间又是通过观察地球自转得出的。教堂司事觉得通过观察康德每天的散步就能知道德国标准时间，因为他对康德与生俱来的时间观念深信不疑。实际上，两个人都只得出了一个分析结论，该结论从定义上来说是正确的。

康德的结论——"我每天下午3点半散步",归根结底就是一个分析命题"我在我散步的时候散步"——因为康德确认时间为3点半,是基于一个由他散步而校准的钟。教堂司事的结论——"我的钟走得很准",归根结底就是"我的钟显示的时间是我的钟显示的时间"——因为他校准时钟的标准就是康德的散步时间,而后者散步反过来又基于该时钟显示的时间。

数学哲学

那么迪米特里凭借敏锐的洞察力得出的2+2=4呢?这是一个从定义上看为真的分析命题吗?当我们说"4"的时候,是不是也有一部分意思是2+2之和呢?抑或这是个综合命题?它给我们提供关于这个世界的新知识了吗?我们是如何得出这一结论的?是先数出两个物体,再数两个物体,然后把这些物体放在一起再数一下吗?澳大利亚内陆地区的沃呼那(Voohoona)部落用的就是后面这种办法。

一个沃呼那人对一位西方人类学家说2+2=5。人类学家问他是怎么知道的。沃呼那人说:"当然是数出来的啦。我先在一根绳上打两个结，然后在另一根绳上打两个结。最后把两条绳子绑到一起，总共五个结。"

数学哲学中的大部分内容都很专业而且晦涩难懂。你只需要知道一件事，即数学领域只存在三类人：会数数的人和不会数数的人[1]。

实用主义

对于像19世纪末美国哲学家威廉·詹姆斯这样的知识论实用主义者来说，某一命题真实与否取决于其实际结果。根据詹姆斯的观点，我们**选择**真理的标准就是看它在现实生活中有没有用。我们认为牛顿的万有引力定律是正确的，并非因为该定律直指万物的"本质"，而是因为在预测两个互有联系的物体处于各种不同环境下的行为时，该定律被证明是有用的。"嘿，我敢打赌就算在新泽西州，苹果也会往下掉。"一旦某一理论不再有用，我们就会用另一理论来代替它。

---

[1] 这里少了一类人，说明数学哲学很易混淆。

一女子报警说自己丈夫失踪了。警察让她描述一下丈夫的样子，她答道："他身高1.95米，体格健壮，头发浓密卷曲。"

她的朋友说："你在说什么呀？你老公明明只有1.62米，秃顶，大腹便便。"

女子说："谁想要那个家伙回来啊？"

这则故事很多人都听过。你可能也听过。但接下来这段对话鲜为人知：

警察说："女士，我们希望您对自己丈夫的描述能与真实情况一致。"

女子回答："一致，什么一致！你不能单凭知识论的标准来判断一件事情真实与否，因为撇开目的和价值的话，这些标准不够充分。也就是说，到了最后，只有那些让你满意的才是真相。天地良心，我丈夫可从来没让我满意过。"

现象学

达到抽象的高度之后，哲学往往会在日常经验领域进行软着陆。20世纪初，现象学家们对如何才算真正了解某物展开讨论，让知识论来了一次软着陆。现象学试图将人类经验理解为生活的点滴而非客观材料,与其说这是一种哲学原理,不如说是一种方法论。现象学的研究方法更像是小说家会用的,而不是倾向于把一切都抽象化的哲学家会用的。

德语中有一个词"einfühlung",意思是"感同身受"或者"同理心"。诸如埃德蒙·胡塞尔这样的现象学家用该词来表达一种认识方式,即试图进入另一个人的经验之中,用他或她的方式来感受世界。换句话说,就是穿上别人的鞋子走路——或者你穿上的也可能是内裤。

"珍妮特医生,"一女子面带难色地说道,"我有一个房事方面的问题想请教。我丈夫没法勾起我的欲望。"

珍妮特医生说:"好吧,明天来给你做个详细的检查。把你丈夫一起带来。"

第二天,女子带着丈夫一起来了。医生说:"托马斯先生,把你的衣服脱了。现在转个身。好了,请躺下来。啊哈,我明白了。好了,现在你可以穿上衣服了。"

珍妮特医生把女子拉到一旁说:"你的身体完全没问题。我对你丈夫也没什么欲望。"

φ

迪米特里：塔索，我不得不承认，了解一下知识论挺好的。

塔索：好？哪门子的好？你说的"好"是什么意思？

迪米特里：在回答这个问题之前，我也有个问题要问你。你知道"浑蛋"是什么意思吗？

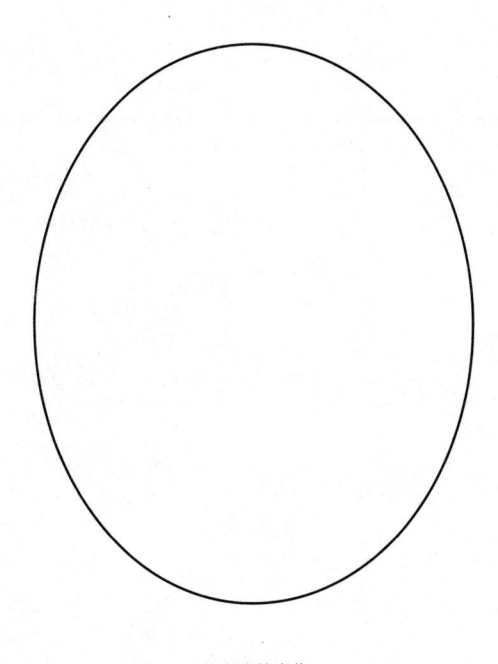

物自体的肖像

第四章
伦理学

区分好坏属于伦理学的范畴。

也是牧师、圣贤、家长不懈的追求。

不幸的是,孩子们和哲学家却忙着追问:"为什么?"

φ

迪米特里:我一直在思考你的问题,到底什么是"好"?现在我有答案了——"好"就是按照正当的原则行事。

塔索:天哪,迪米特里,你可真是让我惊喜连连——你现在说话的样子开始像个真正的哲学家了。我再问你最后一个问题:你要怎么定义正当的原则?

迪米特里:哎呀!和其他人一样咯,这些原则都是我妈教我的。

塔索(低声说):为什么苏格拉底的学生就都那么聪明呢?

绝对主义者的伦理学：神律

神律简化了伦理学：如果上帝说一件事是错的，那它就是错的，毋庸置疑大错特错。这便是神律的全部。然而难题依然存在。首先，我们如何确定上帝确实思考了？原教旨主义者给出了答案：因为《圣经》是这么写的。但《圣经》里的人又怎么知道他们得到的征兆真的来自上帝呢？亚伯拉罕认为自己收到了上帝的召唤，让他将自己的儿子作为牺牲。亚伯拉罕觉得："如果上帝这么说，那我最好就照做。"我们对亚伯拉罕提出的第一个哲学问题就是："你是白痴吗？要是'上帝'让你做傻事，你都不去跟他确认一下吗？"

关于神律的另一个问题在于阐释。到底怎样才算尊敬父母呢？寄一张母亲节贺卡，还是遵从敬爱的父母的意愿，和家庭牙医无趣的儿子结婚？如果牙医的儿子身高 1.5 米，体重 240 斤的话，那这类问题也就无须像《塔木德》[1]那样钻牛角尖了。

神律的一大特征，就是上帝永远拥有最终决定权。

先知摩西从西奈山跋涉而来，手中握着石碑，向聚集在一起的众人宣布："我带来了一个好消息和一个坏消息。好消息是

---

1 犹太教宗教文献，源于公元 2 世纪至 5 世纪，记录了犹太教的律法、条例、传统等。

我总算让上帝把训诫降到十条[1]了,坏消息是'不准通奸'这条还在。"

年轻健壮的圣奥古斯丁显然也试图和上帝进行类似谈判,因此他喊出了那句著名的宣言:"主啊,赐予我贞洁吧。但现在别这么做!"很显然,圣奥古斯丁有点《塔木德》式的钻牛角尖。"我的意思是,你也没确切地说什么时候不能,不是吗?"这听起来像个笑话。

柏拉图式美德

柏拉图在他的代表作《理想国》里写道:"国家就是灵魂的放大版。"所以为了讨论个人的美德问题,他写了一段关于理想国之美德的对话。他称该国的统治者为哲学王,这也许能解释为什么柏拉图在哲学家中如此受欢迎。哲学王遵照理性引导人类灵魂的方式来引导国家。哲学王和理性都认为最重要的美德是智慧,柏拉图将其定义为理解善的理念。然而,甲之蜜糖,乙之砒霜。

---

[1] 语出《旧约·出埃及记》第三章第十四节。摩西在何烈山见到着火却没有烧毁的荆棘,上帝在火中和摩西对话。摩西问上帝怎么向以色列人介绍他,上帝如此回答他。

在全校教职工会议上，突然出现了一位天使。天使对哲学系系主任说："我可以赐给你智慧、美貌或者1000万美元，三者择其一。"

这位教授想都没想就选择了智慧。

一道闪电过后，教授看上去像是换了个人，但他呆呆地坐在那里，低头看着桌子。一个同事凑到他耳边说："你倒是说句话呀。"

教授说："我应该要那笔钱的。"

斯多亚主义

公元前4世纪，涉及斯多亚派的伦理问题，在于如何应对因为生活在严密管控的帝国中而广泛流行的宿命论思想。由于无力改变日常生活中的诸多事情，因此人们决定改变自己看待生活本身的态度。这也是他们唯一能自己控制的事了。斯多亚学派想出的策略是从生活中抽离情感。他们把这种态度称为**不动情**，对他们来说，不动情是一种美德，这也让他们成了当地小餐馆里的笑柄。斯多亚派信徒愿意牺牲某些快乐（性、毒品、酒神狂欢）来规避这些激情带来的不快乐（性病、宿醉、韵脚太烂）。他们的行为纯粹出于理性而非激情，因此这些人觉得自己才是唯一真正快乐的人。换句话说，他们只是并非不快乐。

在下面这则故事里，库珀先生给我们示范了现代版的斯多亚主义：代理斯多亚主义。

库珀一家走进牙医诊所，库珀先生事先声明他在赶时间，接着用命令的口吻说道："医生，别给我来花里胡哨的那一套。麻醉、打针这些东西统统免了，给我把牙拔出来就行了。"

牙医钦佩不已地说："要是能多点像你这样的斯多亚式病人就好了。来吧，您要拔的是哪颗牙？"

库珀先生转身对妻子说："张嘴，亲爱的。"

吉尔伯特·基思·切斯特顿曾写道："'好'这个词有多种含义。举个例子，如果一男子要在460米开外一枪打中他的母亲，那我会说他是个好枪手，但他未必是个好人。""未必"这个限定词显示出切斯特顿确实有哲学思维。

功利主义

众所周知，20世纪名叫弗拉基米尔·列宁的革命家说过："只要目的得当，尽可不择手段。"讽刺的是，这句话和美国共和党那帮极其虔诚的基督徒心目中最爱的哲学家的观点相去不远。此人便是约翰·密尔。密尔等功利主义者提出了一种"基于效果论"的伦理学：某一行为正当与否仅由其结果决定。

下面这则故事里的主人公显然就是个功利主义者。

奥卡拉罕夫人请肖像画家在自己肖像的两只手腕上各画上一只金手镯，脖子上画串珍珠项链，耳朵上画对红宝石耳环，头上再画个王冠一样的钻石头饰。

画家指出这无异于撒谎。

奥卡拉罕夫人说："听着，我丈夫正和一个金发小妞在外面逍遥快活。我希望在我死后，她会发了疯似的寻找这些珠宝。"

这种由结果带来的正当性大概只能用来宽恕某些较为严肃的事了，只要这些事的结果看上去足够"好"就行。

守寡的布莱福特夫人在乡村俱乐部的游泳池畔闲逛，突然看到一个帅哥在晒日光浴。于是，她便走上前搭讪："嗯，我以前好像没在这里见过你。"

男子回答："应该是没见过。我被关了30年，刚出狱。"

"真的？那你为什么坐牢？"

"我把我老婆杀了。"

布莱福特夫人说:"啊!那你现在是单身咯!"

彼得·辛格是当代颇具影响力的功利主义者。他经常拿我们都觉得会产生可怕结果的决定,与看似更善良但他认为在伦理上相差无几的决定进行类比。他曾在一篇论文中假设了一种情况,把一个弃儿卖给器官移植公司,再拿挣到的钱去买一台新电视。人人都会觉得这件事泯灭人性。但辛格接着表示,无论何时,买一台新电视而不捐款给保护弃儿的慈善机构,本质上和把弃儿卖给器官移植公司没什么两样。他这么说是不是让你很反感?这就是一种将戏剧性特例和一般道德观念相提并论的类比论证。下面这则经典笑话也有着异曲同工之妙。

男:如果我给你100万美元,你愿意跟我共度良宵吗?
女:100万?哇哦!我觉得我会同意的。
男:如果只给你2美元呢?
女:滚!你当我是什么人了?
男:你是什么人我已经很清楚了,只是价钱还没谈拢罢了。

至高无上的绝对命令和古老的恕道[1]

康德把"至高无上的绝对命令"称为自己的首要原则和其他所有伦理原则的标准。乍看之下,这一绝对命令听起来不过是对古老的恕道做了一番美化而已。

恕道:"推己及人。"

至高无上的绝对命令:"一个人据以行动的原则同时也应能够成为普遍法则。"

当然了,康德的阐释显然不怎么接地气。嗯,"至高无上的绝对命令"这一术语听起来颇具德国风格。不过,康德对此毫无办法——因为他是德国人。

尽管如此,绝对命令和恕道在哲学方面**的确**有不少相似之处:

- *两者都与具体行为无关,比如"孝敬父母",或者"把你的那份菠菜吃了!"*
- *正相反,两者都为判断具体行为的对错提供了抽象原则。*
- *两者提供的这种抽象原则援引了人人平等的理念,因此所有人都应在道德方面得到与你我(尤其是我)平等的对待。*

---

[1] 又称道德黄金律,一种与伦理有关的品德,大意指人应当具有同理心。并非专指儒家的恕道。

但绝对命令和恕道之间**存在**一种根本差异，下面这则小笑话一针见血地指出了这种差异：

遵循恕道的受虐狂本身就是虐待狂。

受虐狂在施加给他人痛苦时，其实只是做了恕道要求他做的：己所欲，施于人，用上皮鞭那就更好了。不过康德会说，受虐狂不可能真心认为"把痛苦施于人"这一道德命令能够成为宜居世界的普遍法则。这种事即使受虐狂也会认为是在无理取闹。

类似的思考促使英国剧作家萧伯纳不无讽刺地将恕道改写成：

己所欲者，亦勿施于人；毕竟人各有所好。

不同版本的恕道不仅出现在康德的著作中，在世界上许多宗教传统的文本中也能找到：

印度教（前 13 世纪）
你不希望别人对你做的事情，
就不要对别人做……这便是大法的全部。应留心听取。
——《摩诃婆罗多》

犹太教（前13世纪）

自己所厌恶之事，不要对邻居做。

这是律法的全部；其余皆是注解；可自去研读。

——《巴比伦法典》

琐罗亚斯德教[1]（前12世纪）

不对他人做任何恶事，便是人性的善。

——《达迪斯坦·迪尼克经》

佛教（前6世纪）

自觉受伤之事，毋以伤人。

——《法句经》

儒家（前6世纪）

己所不欲，勿施于人。

——孔子，《论语》

伊斯兰教（7世纪）

你所欲得者，亦欲他人能得之，方可称信徒。

---

1 也称袄教、拜火教，在基督教诞生之前在中东最有影响的宗教，是古代波斯帝国的国教，也是中亚等地的宗教，是今天摩尼教的源头。

——"圣行",《圣训》

巴哈伊教[1]（19世纪）

不欲人咎己，切勿咎于人；

己所未行，勿加妄语；

此言是训，恪守不渝。

——巴哈欧拉,《隐言经》

《黑道家族》[2]（21世纪）

在杀人的时候，记得给对方你自己
临死时想拥有的体面，懂吗？

——托尼，第12集

权力意志

19世纪，德国哲学家弗里德里希·尼采大胆宣称自己将把传统基督教伦理搅个天翻地覆。他先从小处着手，宣布上帝已死。

---

1 巴哈伊教是由巴哈欧拉创立于19世纪中叶的伊朗的新兴宗教，其基本教义可概括为"上帝唯一""宗教同源"和"人类一体"。巴哈伊信仰在世界各大宗教中最为年轻。

2 《黑道家族》(The Sopranos)，一部描写美国新泽西州北部黑手党的美剧，男主角为托尼·瑟普拉诺。

于是上帝在大学城男厕所的洗手间隔板上回敬道——尼采已死。尼采之所以宣称上帝已死,是因为西方文化的发展已经超越了形而上学对世界的阐释,以及与其相伴而生的基督教伦理学。尼采把基督教精神称为"牧群道德",因为它将一种"非自然的伦理"灌输给人们——成为牧群中的雄性头领并不是一件好事。为了替代基督教伦理,尼采提出了一种肯定生命的力量伦理学,他称之为权力意志。杰出的个体,也就是超人是凌驾于牧群道德之上的,有资格对牧群自由展现他自然的力量和优越性。在恕道方面,尼采显然赞同托尼·瑟普拉诺的观点。因此,从德国军国主义到德国酸菜,不管什么都怪到了尼采头上。

德国食物的问题在于,无论吃了多少,一小时之后你又渴望力量了。

情感主义

直到 20 世纪中叶,大部分伦理哲学都属于元伦理学范畴。哲学家们不问"哪些行为是好的?"而是问"称某一行为为好**是什么意思?是否认为'甲是好的'仅仅意味着'我赞成甲'?抑或,'甲是好的'表达了我观察或思考甲时的情感?"后一种观点被称为情感主义,其定义在下面这则故事中得到了体现。

一男子给美国国税局写信,他写道:"我没有如数缴纳个人所得税,一想到这件事我就睡不着。我少报了应缴税的收入,所以我附上一张150美元的支票。如果还睡不着,我就把剩下应缴的税款一并寄来。"

应用伦理学

正当元伦理学对"好"一词的猜测初显颓势时,**行为伦理学**再次成为潮流,哲学家们重新开始讨论哪些特定行为是好的。生命伦理学、女性主义伦理学,以及善待动物的伦理学,成为一时风尚。

职业伦理学是在20世纪萌芽的应用伦理学之一,它规范了专业人士和客户以及病人之间的关系。

参加完一场有关职业伦理学的会议后,四位精神科医师一起走出了会场。其中一个说道:"你们也知道,人们总是带着内疚和恐惧来找我们,但我们却找不到人来解决自己的问题。既然如此,我们何不趁现在花点时间互相倾听呢?"另外三人都表示赞同。

第一位精神科医师坦白:"我几乎控制不住想杀了我的病人。"

第二位精神科医师说:"我一有机会就想办法骗病人的钱。"

第三位精神科医师接着说:"我曾参与贩毒,而且还经常让自己的病人帮忙。"

最后,第四位精神科医师坦白道:"那个,不管多努力,我就是没法保守秘密。"

每一门医学专业都发展出了自己的伦理原则。

四个大夫一起去猎鸭,一个是家庭医生,一个是妇科医生,一个是外科医生,还有一个是病理学家。突然,一只鸟掠过他们头顶。家庭医生开了枪,但接着改变了主意,因为他不能完全确定这只鸟是只鸭子。妇科医生也开了枪,但接着放下了枪,因为他发现自己不知道这是只公鸭还是母鸭。与此同时,外科医生一枪打中了鸟,然后转身对病理学家说:"你去看看是不是鸭子。"

就连律师都有职业道德。如果一位客户本该付 300 美元,却误付了 400 美元,那么自然产生的问题就是他应不应该把这件事告诉自己的合伙人。

不足为奇的是,神职人员也有职业道德,或者说神设立了他们的职业道德。

一位年轻的拉比酷爱高尔夫。即使在一年中最神圣的赎罪日[1]，他也会偷偷溜出来快速打一场九洞高尔夫。

他在最后一洞前发球时，一阵风直接把球吹向球洞。球掉了进去，一杆进洞。

天使看到了这一奇迹，跟上帝抱怨道："这个人在赎罪日打高尔夫，您却帮他一杆进洞？这算什么惩罚？"

上帝微笑着说："这当然是惩罚了，他能跟谁炫耀这件事呢？"

应用伦理学很有趣，但也很令人困扰，原因在于要想依靠伦理来做决定经常会陷入两难境地，也就是从两件好事中艰难地做出抉择："我应该选择家庭还是事业？孩子还是自己？祖国还是全人类？"这些年来，艾比·兰德斯和安·兰德斯就忙于研究这些实际的伦理难题。如今，她们为兰迪·科恩在《纽约时报》开设的《伦理学家》专栏提供素材，该专栏每周更新一次。

最近科恩在 slate.com 网站上发布了这样一个问题，该问题位

---

[1] 赎罪日是犹太人一年中最重要的圣日，在新年过后的第十天。对于虔诚的犹太教徒而言，赎罪日也是"禁食日"，他们在这一天不吃、不喝、不工作，并到犹太会堂祈祷，以期赎回他们在过去一年中所犯的或可能犯下的罪过。

列他被问及的十大最佳问题之一。

虽然我很满意自己现在的工作,最近还获得了晋升(受封考特爵士[1]),但我妻子并不满足,她希望我更上一层楼。我并非缺乏野心,只是不想为了爬得更高去做那些事——长时间的工作和血腥的杀戮。然而,难道我不应肩负特殊的义务来满足我妻子的诉求吗?毕竟我们是一家人啊。

——麦克白,苏格兰

精神分析学对哲学伦理学的影响

西格蒙德·弗洛伊德主张:决定人类行为的实际上是潜意识中的生理性驱力,而非那些既体面又理性的哲学特质。虽然弗洛伊德不是哲学家,但他的这一论断对伦理哲学产生了巨大冲击。无论我们多努力地按照道德哲学家的话用理性来控制自己的生活,潜意识总能突破理智的防线。举个例子,所谓"弗洛伊德式口误",即"不小心"说出了泄露我们潜意识欲望的话,比如市议员在介绍漂亮的女议长时称其为"一位伟大的公奴"。

---

[1] 见莎士比亚戏剧《麦克白》。

治疗师问病人拜访母亲结果如何。病人说:"糟透了,我犯了一个严重的弗洛伊德式口误。"

治疗师说:"是吗?你说了什么?"

"我本来想说:'请把盐给我。'结果我说的是:'你这个贱人!你毁了我的一生!'"

对弗洛伊德来说,想要揭示真正控制人类行为的无意识领域,世界上所有的伦理哲学都比不上一个好梦。

一男子冲进精神科医师诊所,为自己睡过头迟到而连连道歉。

"不过我在梦里有了个惊人发现,"男人气喘吁吁地说,"当时我正和我妈聊着天,然后她突然变成了你的样子!于是我醒了过来,套上衣服,抓起一瓶可乐、一个甜甜圈,就往你的诊所赶来了。"

精神科医师说:"一瓶可乐、一个甜甜圈,你管这叫早饭?"

另一方面,就连弗洛伊德自己也承认,把所有人类行为都归为由潜意识所驱动有时可能会忽视近在眼前的真相。他曾说过一句著名的话:"有些时候,一根雪茄就只是一根雪茄。"

一男子正用直剃刀刮胡子，突然剃刀从手中滑落，一下把他的阴茎切了下来。他弯腰把阴茎捡起来揣进口袋，冲出门拦了辆出租车，让司机赶紧送他去急诊室。

到了医院后，他把前因后果向外科医生讲了，医生说："我们得尽快动手术，快把切下来的东西给我吧。"

男人把手伸进口袋，把里面的东西掏出来递给了医生。

医生说："这不是你的阴茎，是根雪茄啊！"

男人说："啊，天哪，我肯定是在出租车上把它抽完了！"

情境伦理学

20世纪60年代，"情境伦理学"掀起了一股热潮。支持者声称，在任何情况下，伦理标准都应由当时情境之下的所有特定因素综合而成。受影响的有哪些人？结果会给他们带来怎样的合法利害关系？结果将会对未来形势产生怎样的影响？以及，事情是谁提的？以婚外情为例，比起其他事情，情境伦理学家更想知道这段婚姻的现状。根据这段婚姻是否已经在事实上结束，他们很可能得出不同的结论。反对情境伦理学的人们义愤填膺，他们觉得这种推理能让一个人为自己想做的任何事正名。其中一些人站在绝对主义的立场上，认为不管在何种情况下，出轨都是错误的。

矛盾的是,有时人们正是靠**忽视**情境的特殊性为自私自利的行为创造了条件。

一伙武装劫匪闯入一家银行,命令顾客和银行职员靠墙站成一排,然后挨个儿拿走他们的钱包、手表、首饰。等待被抢的队伍中有两位银行会计。一位会计突然把一样东西塞到另一位会计手里。那位会计小声问:"这是什么?"第一位会计小声回答:"是我欠你的55美元。"

ϕ

迪米特里:我还是没搞清楚孰是孰非,但我搞清楚了一件事——人生中的头等大事就是取悦众神。

塔索:比如宙斯和阿波罗。

迪米特里:没错。还有我的最爱——阿弗洛狄忒女神。

塔索:她也是我的最爱之一……如果她存在的话。

迪米特里:如果她存在的话?塔索,你说话可要当心点。我见过有成年人因为说了这话被雷劈的。

伦理学肉铺

咬人——5美元
没看见——4美元
被发现死在沟里——3美元
跳伞事故——2.95美元
划船事故——4美元

第五章
宗教哲学

宗教哲学家热衷讨论的上帝并不是大多数人熟悉的那个形象。他更为抽象,类似于星球大战中的"原力",而非那个晚上不睡觉、整夜担心你的天父。

ϕ

迪米特里:前些天我在和宙斯聊天,他觉得你会带坏我。
塔索:这事儿就有意思了,因为我倒觉得他会带坏你。
迪米特里:怎么说?
塔索:他让你以为你脑袋里的声音是真实的。

对上帝的信仰

不可知论者认为基于现有证据无法证明上帝的存在,但也不否认上帝存在的可能性。无神论者比不可知论者更进一步,他们坚信上帝是不存在的。如果一个不可知论者和一个无神论者碰上一丛燃烧的灌木在说:"我是自有永有的。"不可知论者会开始寻找隐藏的录音机,而无神论者只会耸耸肩继续吃棉花糖。

两个爱尔兰人在酒吧里喝酒,突然,他们看到吧台尽头有个秃头在独饮。

帕特:我说,那边那个人不是温斯顿·丘吉尔吗?

肖恩:不会的,怎么可能?丘吉尔才不会在这种地方喝酒。

帕特:我没开玩笑。你仔细看看。我敢说那个人就是温斯顿·丘吉尔。我跟你赌10英镑。

肖恩:行啊,你去问!

于是帕特走到吧台尽头对那个秃头说:"你是温斯顿·丘吉尔,对吧?"

秃头对他吼道:"从我面前滚开,你这白痴!"

帕特回来和肖恩说:"我觉得这下咱们永远没法知道他是不是丘吉尔了,对吧?"

这就是不可知论者的思考方式。

无神论者就另当别论了。很久以前哲学家们就达成了共识，有神论者和无神论者之间的互相争论是不会产生实质结果的。这是因为他们解释**所有事情**的方式都不同。要想进行讨论，双方就必须有一些共通之处，这样的话其中一方就能说："啊哈！如果你承认甲，那你也必须承认乙！"然而有神论者和无神论者从未找到双方都认同的甲。所以根本没法讨论，因为**所有事情**，每一方都会从自己的角度来看。这么说有点抽象，不过下面这则故事会更加贴近生活——事实上，它就发生在邻里之间。

一位矮小的老妇人是个基督徒，每天早上都会走到自家门前的走廊上高呼："赞美耶和华！"

而每天早上住在隔壁的无神论者会对她喊："上帝不存在！"

这种情况持续了数周。一听到老妇人高呼："赞美耶和华！"邻居就回敬道："上帝不存在！"

日子一天天过去，老妇人遇到了经济困难，没钱买东西吃。她走到前廊祈求上帝赐予自己一些食物和日用品，然后说："赞美耶和华！"

第二天早上她走到前廊，发现那里放着自己昨天祈求的食物和日用品。理所当然地，她高呼："赞美耶和华！"

无神论者从树丛后面跳出来，说："哈！这些东西是我买的。

上帝不存在！"

女士面带微笑地看着他，高呼道："赞美耶和华！您不仅把食物和日用品赐予了我，还让撒旦付了钱！"

基于对宗教信仰的观察，山姆·哈里斯在他 2005 年的畅销书《信仰的终结》(*The End of Faith*) 中提出了一种说法，这一说法很有成为单口喜剧的潜力：

"如果告诉一位虔诚的基督教徒他妻子出轨了，或者冻酸奶能让人隐身，他很可能会和其他人一样要求你拿出证据，然后根据你提供的证据多少决定自己是否相信。但你要是告诉他放在床头的那本书是由一位不可见的神写的，要是他不对书中的内容全盘接受，这位神就会用永恒之火惩罚他，对于这个说法，他似乎不需要任何证据就能相信。"

哈里斯没有提到当一个无神论者的坏处——你在高潮时会不知道该喊谁的名字。

17 世纪，法国数学家兼哲学家布莱士·帕斯卡认为，决定是否相信上帝从本质上说就是赌博。如果我们选择相信上帝存在，到最后发现上帝不存在，那算不得什么大事。嗯，也许我们会没法尽兴地享受七宗罪带来的乐趣，不过对于另一种选择来说，这都是微不足道的小事。如果我们赌上帝不存在，到了最后发现上帝存在，那我们就亏大了，我们将丧失去天堂永远享福的机会。因此，帕斯卡认为，相信上帝的存在是一项更好的策略。在学术界，这项策略得名"帕斯卡赌局"。而对普通人来说，其实就是两面下注。

受帕斯卡《沉思录》的启发，一位矮小的老妇人背着一个装有10万美元现金的背包去银行开户。出于谨慎，银行职员问她钱是从哪儿来的。老妇人说："赌博赢的，我赌博特别厉害。"

银行职员好奇地问："你都赌些什么？"

老妇人说："嗨，花样多了去了。举个例子，我现在就拿2.5万美元来赌你明天中午之前会在右半边屁股上文一只蝴蝶。"

银行职员说："这个嘛，尽管我很愿意和你赌，不过靠这样无厘头的赌局从你那里赢钱好像不太好。"

老妇人说；"我这么跟你说吧，你要是不跟我赌，我就去另一家银行开户了。"

银行职员说："行，行，你别急，我跟你赌就是了。"

第二天中午老妇人回到了银行，还带着自己的律师作为见证人。银行职员转身脱下裤子，请两人确认自己赌赢了。老妇人说："好吧，但你能不能把腰弯下一点，好让我们看看清楚？"银行职员照着做了，于是老妇人承认他赢了，从包里数出2.5万美元给他。

这时，律师则坐在一边双手抱头。银行职员问："他怎么啦？"

老妇人回答："哎呀，他就是个输不起的人。我跟他赌10万美元，今天中午你会在办公室弯腰露屁股。"

在两面下注和操纵赔率之间是有一条明确界线的。我们来看看这种新式帕斯卡策略：

犹太新年第一天，一男子去教堂做礼拜，肩上站着只鹦鹉。男子接连跟几个人打赌说，这只鹦鹉唱起赞美诗来，比唱诗班的领唱还要好。然而，到了唱赞美诗时间，鹦鹉却一声不吭。回家后，男子把鹦鹉痛斥一番，对自己损失的钱很是心痛。鹦鹉说："动动脑子，你这蠢货！想想看，这下我们能在赎罪日赢多少钱！"

嘿，这只鹦鹉可能说对了。也许我们能够操纵帕斯卡赌局的赔率，这样的话我们就能在周日早上打高尔夫，同时还不让上帝生气了（如果上帝真的存在的话）！上帝知道我们都尽力了。

自然神论和历史宗教

在18世纪，当时的哲学家如果不是怀疑论者，往往就是自然神论者。他们信仰一个遥远的、非人格化的、哲学家心目中的上帝——这个造物主与其说像一个人,不如说像一种力;与其说像知己,不如说像钟表匠。传统的犹太教徒和基督教徒反对这一观点。他们认为自己的上帝绝不仅仅是个钟表匠。他是历史的主,现身于以色列人逃出埃及、流浪沙漠、定居应许之地的路上。总而言之,他时刻有空——能够"随时救人于危难中"。

一位犹太祖母看着自己的孙子在海滩上玩耍,突然巨浪袭来,把小男孩卷到了海里。她祈求道:"拜托上帝了,救救我唯一的孙子。我请求你,把他带回来吧。"

又一阵巨浪袭来,小男孩毫发无损地被冲回到海滩上。

她抬头望天说:"我孙子刚才还戴了顶帽子!"

你试试对钟表匠说这话!

神学差异

当宗教哲学家们正在担忧诸如"上帝是否存在"这样的大问题时,神学家们要解决的问题相对小了一点,这些问题通常出现在大斋期[1]。

20世纪哲学家、神学家保罗·田立克认为,宗教哲学和神学间的差异比他们要解决的问题更大。他说,哲学家尽可能客观地追寻上帝和有关上帝的事物的真相。而神学家已经"被信仰所掌控",并对信仰信受奉行。换句话说,宗教哲学家从外部观察上帝和宗教,神学家则从内部去观察。

在神学领域,"圣灵来自圣父还是来自圣父与圣子?"这一亟待解决的问题促使了不同宗派的诞生。门外汉显然需要一种简单易懂的指南来帮助理解神学的差异。谢天谢地,喜剧演员们随时愿意效劳。确定一个人宗教信仰的关键在于看他承认或者不承认什么:

犹太教徒不承认耶稣。

新教徒不承认教皇。

浸信会教徒不承认在酒铺见过对方。

最后一点其实是一条非常实用的建议。如果你要去钓鱼,别

---

1 也叫大斋节,是基督教教会年历一个节期,从大斋首日(圣灰星期三/涂灰日)开始至复活节前日止,一共40天(不计6个主日)。

邀请浸信会教徒，他会把所有啤酒都喝光的。不过，要是你邀请两个浸信会教徒，你就能独享这些啤酒了。

区分各宗派的另一种方法是，看看对方会站在信仰的高度痛斥哪些行为。对天主教徒来说，错过弥撒会遭到痛斥。对浸信会教徒来说，跳舞会遭到痛斥。对圣公会教徒来说，用甜点叉吃沙拉会遭到痛斥。

不过说真的，朋友们，各宗派的教义之间也存在着巨大差异。举个例子，只有天主教徒相信圣母未染原罪。这一教义认为，为了让马利亚能怀上耶稣，她生来便没有染上原罪。

一天，耶稣走在街上，发现一群人在朝一名出轨的妇女扔石头。耶稣说："你们中间谁是没有罪的，谁就可以拿石头扔她。"这时突然飞来一块石头。耶稣转身问道："妈，是你吗？"

宗派主义笑话中最受欢迎的一类当然就是反宗教改革笑话了。你收集的那些精彩的反宗教改革笑话中肯定包括下面这则：

一男子陷入了严重的钱荒，他祈求上帝让他中一次彩票，好缓解自己的窘境。

日子一天天过去，几周之后，男子仍然一次彩票都没中过。最后，他痛苦地向上帝呼喊："你告诉我们'只要敲门，门就会向你打开。只要寻找，你就会寻到'。我现在已经陷入了绝境，但还是没有中彩票！"

头顶传来一个声音，回答道："亲爱的，你已经接近我了！去买张赎罪券吧！"

笑话里的男子显然是个清教徒，也就是马丁·路德那类人，认为只有上帝的恩典能让我们获救，除此之外别无他法。而另一方面，尽管上帝很合时宜地用了"亲爱的"这个词，但在为天主教反宗教改革运动背书。事实上，这则笑话很可能起源于1545年的特利腾大公会议。在这次会议上，主教们通过决议，认为恩典和善功、祈祷和购买赎罪券加起来，才能带来救赎。

有一种观点认为，基督教所有教派都有一个共通点，即认为自己的神学思想是通向上帝的最快途径。

一男子来到了天堂门口。圣彼得问他："你的宗教信仰是什么？"

男子回答："循道宗。"圣彼得浏览了一下清单，说："去28号房间，不过经过8号房间的时候记得别出声。"

另一男子来到了天堂门口。"你的宗教信仰是什么？"

"浸信会。"

"去18号房间，不过经过8号房间的时候记得别出声。"

第三名男子来到了门口。"你的宗教信仰是什么？"

"犹太教。"

"去11号房间，不过经过8号房间的时候记得别出声。"

男子说："我能理解你把不同宗教信仰的人分到不同的房间，但为什么经过8号房间的时候不能出声？"

圣彼得说："耶和华见证人会[1]教徒在8号房间，他们觉得只有自己能上天堂。"

据说19世纪德国哲学家亚瑟·叔本华从哲学角度阐述了佛教。叔本华和2000多年前的佛祖悉达多一样，认为人生充满了苦难、挣扎、挫折，唯一的解脱之门便是顺其自然——摈弃欲望，拒绝生命意志。这样做的好处在于，他们都认为顺其自然能让人们产生对万物的慈悲心和圣洁性。就像是一种交易。

有不少犹太笑话嘲笑终极的叔本华式悲观论者，即 kvetcher（德语：爱发牢骚的人）。

两个女子坐在长椅上。过了一会儿，第一个女子说："嘿！"

第二个女子回答："嘿！"

第一个女子说："好了，别再聊和孩子有关的话题了。"

---

1 耶和华见证人会是1870年由查尔斯·T. 罗素（Charles Taze Russell）在美国发起的《圣经》信仰组织，他们认为其信仰是对耶稣时代最纯正基督教的继承。

对亚瑟·叔本华和佛祖来说，人生就是挫折和乏味的不断循环。得不到自己想要的，我们会感到沮丧。真的得到了自己想要的，我们还是感到沮丧。在他们两人看来，最大的挫折会在解脱看似即将到来时出现。

很久很久以前有个王子，他没有做错任何事，却被邪恶的女巫下了诅咒。诅咒的内容是每年只能说一个字。不过他可以把额度存起来用，也就是说，如果他一整年都没说话，那么下一年就可以说两个字。

有一天他遇到了一位美丽的公主，并与她陷入了爱河。王子决定两年不说话，这样他就可以看着她说："宝贝。"

然而两年时间到了之后，他又想向公主表白，于是他决定再等三年，也就是整整五年不说话。五年到了之后，王子又想向公主求婚了，于是他还得再等四年。

最后，九年的沉默终于结束了，王子自然欣喜若狂。他带公主来到了御花园最浪漫的地方，在她面前单膝下跪，说道："宝贝，我爱你，嫁给我吧！"

公主回答："你刚才说什么？"

这个反应就是叔本华所预想的。

公元6—7世纪，佛教发展出一个流派——禅宗，这一宗派如今正经历着一场文艺复兴。从西方的角度思考，禅宗哲学是一种反哲学。对禅宗大师来说，理性、逻辑、感觉材料这些西方哲学的基础统统是错觉，会让你无法达到最终的开悟。那么，怎样才能开悟呢？

思考以下两个问题：

- 一只鸭子之间的区别在哪里？
- 一只手鼓掌的声音是什么样的？

这两个问题都会引发一种在哲学圈被称为"什么？"的反应。人们不会细看这些问题。我们只是想不出要怎么回答这类问题而已。不过，第一个问题有点像校园里的无厘头说法，第二个问题是经典的禅宗心印[1]（正好和本·科恩押韵）。

心印是禅宗大师讲给弟子听的谜题或故事，有可能通过让弟子大吃一惊的方法使他们达到一种被称为**禅悟**的意识状态，即顿悟。在这种意识下，日常世界的所有特质和评价都消失不见，只留下了对宇宙统一性以及宇宙经验的深远理解。禅宗不会停留在字面意义上，把单手鼓掌这一谜题科学解释为："一只手鼓掌的

---

[1] 心印，佛教禅宗沉思中的重要一环，以一种简短而不合逻辑的问题，使思想脱离理性的范畴。不用语言文字，而直接以心相印证，以期顿悟。其英语写法 Zen Koan 和美国冰激凌连锁店 Ben&Jerry's 创始人本·科恩（Ben Cohen）正好押韵。

声音是空气被移动的扁平表面扇动后发出的轻柔低响。"不，禅宗的反应更有可能是："哇哦！"心印用不合理的想法让我们困惑，从而带领我们开悟。超越了这些，砰，你就悟了。

大家最喜欢的一则心印是：

参禅之初，看山是山，看水是水。
禅有悟时，看山不是山，看水不是水。
禅中彻悟，看山还是山，看水还是水。

我们西方人大概能明白，开悟不是要达到某种标新立异的意识状态。我们难以理解的是，开悟后的意识如何既普通又伟大，这也是构成上面这则笑话的心印核心。你要么就了解这类事物，要么就不了解，只是我们大多数西方人并不了解而已。

这引发了一个问题，古老的"一只鸭子之间的区别"这一谜题是否能看成一种西方心印？毕竟这句话是建立在不合逻辑的荒谬基础之上的，它能混淆理性。然而，从对该谜题的反应来看（谈及心印时的关键考验），答案是不能。我们或许会微微一笑，甚至还会咯咯低笑，但从未听说过有人因此达到禅悟的。

唉，这也许是文化差异的问题——我们大多数西方人就是没法理解东方观念。东方观念认为，如果你无法理解某物，那你就快开悟了。这一观念给我们留下了下面这则站不住脚的西方伪心印：

如果你有冰激凌，我就给你冰激凌。

如果你没有冰激凌，我就拿走你的冰激凌。

这就是冰激凌心印。

最令人难忘的心印已成为禅宗学问的一部分，代代相传。举个例子，公元7世纪时，禅宗六祖惠能曾提出一个著名问题："你出生之前的本来面目是什么？"洛杉矶湖人队前主教练"禅师"杰克逊曾说过："要是你在小巷里遇见佛祖，传球给他。"

傻瓜哲学

傻瓜哲学在20世纪60年代末首次出现。碰巧，当时哈佛教授蒂莫西·利里声称食用致幻蘑菇有助于人们开悟。傻瓜哲学后来被戏称为"新世纪哲学"，综合了古老的东方哲学和一些诸如占星学、塔罗牌和卡巴拉[1]的中世纪信仰。诸如"我是自己的二元性之结合"，或者"自从我信奉了历程哲学，都不用随身带枪了"，

---

1 又称生命之树，犹太教中的一个神秘主义分支，最初来源于犹太教的见神论、哲学、科学、魔法及神秘学中的一种理论体系，依靠希伯来语在老师与学生之间秘密地口头传承。

这样的"断言"也是新世纪哲学的重要组成部分。这让我们想起了19世纪初的一件逸事，一位老妇人在英国诗人塞缪尔·T. 柯勒律治演讲完后走上前来，说道："柯勒律治先生，我已经接受了宇宙！"柯勒律治从眼镜上方瞥了她一眼，说："天哪，女士，干得好！"

令人高兴的是，我们还有笑话大师能够为黑暗的新世纪思想带来光明。

换一个灯泡需要几个新世纪哲学家？

一个都不需要，因为他们会组建一个名为"与黑暗共处"的互助会。

如果说新世纪哲学家还有什么最新动向，应该就是他们相信地外生命不仅会拜访我们，还会邀请我们去飞船上共进晚餐，谈场恋爱。大概只有讽刺作家才能把这种新世纪信仰推向逻辑的极限吧。

一个火星人在布鲁克林紧急迫降，发现飞船的关键部分——最重要的特鲁弗，已经损坏。

他走进一家熟食店，问柜员知不知道哪里能买到特鲁弗。

柜员问："你说的东西长什么样？"

火星人说:"它是圆形的,外表有点硬,里面是软的,中间还有个小洞。"

柜员说:"听起来像是甜甜圈。给,你看看这是不是你要找的东西?"

火星人说:"太完美了!你们这儿的人用它干吗?"

柜员说:"嗯,你大概不会相信,我们是拿来吃的。"

火星人说:"开玩笑吧!你们吃特鲁弗?"

柜员说:"对啊,给,你尝一个试试。"

火星人对此表示非常怀疑,但他还是咬了一口。"嘿,"他说,"再加点奶油干酪的话,其实还挺好吃的。"

新世纪哲学家的背包里还装着另一个东西,就是他们对心灵现象(如神视)的痴迷。许多旧时代哲学家,或者说理性思考者,仍然相信这种现象背后肯定有合理的解释。

"我爷爷知道自己确切的死期,能精确到当天的时刻。"

"哇哦,真是神通广大!他怎么知道的?"

"法官告诉他的。"

真是沉重啊!

φ

迪米特里：我还是有个问题：要是宙斯不存在，那波塞冬还是他的哥哥吗？

塔索：你知道吗？迪米特里，你要么就是个开悟的佛教徒，要么就是个白痴。

"以后你每月都会收到一组新的戒律。你可以随时取消，保留最初版本，完全免费。"

第六章
存在主义

"存在先于本质。"如果你同意这一说法,那你就是存在主义者。如果不同意,虽然你仍然存在,但从本质上来说,你并不存在。

φ

迪米特里:塔索,我不得不承认,有时候我真希望自己能像你一样。

塔索:你可以啊!从存在主义的角度来说,你完全是自我导向的存在!你就是自己的造物!

迪米特里:太棒了!因为我一直想变得跟你一样高来着。

要想了解存在主义,我们就需要关注19世纪黑格尔的绝对主义。该哲学派别认为,要想知晓人生的真实情况,唯一的方法就是从外部观察。是不是罗德尼·丹杰菲尔德[1]说过这么一句话："大多数优秀喜剧都来源于黑格尔的绝对和人类的存在疏离之间的紧张状态吗？"貌似不是。如果真是他说的，那么下面这则经典笑话可能就是他这句话的本意。

一男子正和他好友的妻子偷情，这时两人听见女子丈夫的车开到了门口。男子一头钻进衣柜里。女子的丈夫走进房间，去衣柜把自己的夹克挂起来。结果，他看见自己的朋友一丝不挂地站在那儿，于是他问："莱尼，你在这儿干吗？"

莱尼局促不安地耸耸肩，说道："人总得在某个地方嘛。"

笑话中的男子对一个存在主义问题给出了黑格尔风格的回答。丈夫想知道为什么莱尼会处于这个特殊的存在情况中——赤身裸体地在自家衣柜里！但他公认的好友莱尼出于自己的理由选择回答一个不同的问题："为什么所有人都在某个地方而非哪里都不在？"只有当你是个和黑格尔一样崇高的德国哲学家时，这个问题才有意义。

弗里德里希·黑格尔坚持认为，历史便是"绝对精神"随着时间推演呈现出来的东西。一个时代的精神（比如20世纪50年

---

[1] 美国著名喜剧演员、导演。

代拘谨的守旧之风）会催生与之对立的产物（60年代嬉皮士运动）。而两者的碰撞创造出了一种新的混合体（70年代的"塑料嬉皮士"，比如留着披头士发型的华尔街银行职员）。

以此类推，就产生了正题—反题—合题（本身又成为新命题）等辩证法。

黑格尔觉得自己已经跳出了历史，并且能够从超然的角度俯视"一切"。他把这一角度称为"绝对"。从这一角度来看，一切都很好。战争？只不过是辩证发展的一小步罢了。瘟疫？只是另一步罢了。焦虑？不用担心。一切不断辩证发展，人们对此无能为力。只要坚持下去，同时欣赏身边的风景就行了。黑格尔觉得自己是从上帝视角看待历史的！

想想看贝特·米德勒[1]的金曲《来自远方》(*From a Distance*)。神圣的米德勒小姐在这首歌里想象自己从高处俯瞰世界，发现整个世界和谐而迷人。黑格尔也是从这个角度看待世界的。最后，这首歌以上帝越过贝特肩头欣赏世界的壮丽景色结尾。谁会猜到贝特·米德勒是个黑格尔主义者呢？

和黑格尔同时代的索伦·克尔恺郭尔一直郁郁寡欢。他提出

---

[1] 美国女演员、歌手，代表作有电影《歌声泪痕》《情比姊妹深》等，被誉为美国"喜剧天后"。

一个问题:"从绝对的角度来看一切都很好,但这有什么用呢?"**作为存在的个体**,不会也不能用这个视角来看待一切。存在主义由此诞生。索伦说:"**我不是上帝,我只是一个个体。**谁会在乎从高处看这个世界有多平静呢?我就在这里,置身于世界一隅,**我感到焦虑。我**处于绝望的危险之中。**我所关心的是我**。所以,如果宇宙之轮不可逆转地一直向前滚动,**我可能会葬身轮底!**"

所以说,如果克尔恺郭尔在衣柜里发现了你,然后问:"你在这儿干吗?"别回答:"人总得在某个地方。"我们给你的建议是:即兴发挥扯个谎。

20世纪的法国哲学家让-保罗·萨特重拾了克尔恺郭尔关于个体可怕孤立感的理念,并推演出蕴含人类自由和责任的理论。让-保罗如此说道:"存在先于本质。"这句话的意思是,人类不像衣架一样有预先确定的本质。我们的本质是不确定的,总能自由地进行自我改造。

让-保罗·萨特的眼睛向外斜视,总体来说长得不帅。因此,听到好友——存在主义者阿尔贝·加缪——说"唉,男人到了一定年纪之后就应该对自己的容貌负责",并借此拓展了自己有关人类自由的观点时,他大概惊诧万分。有趣的是,加缪本人长得

很像亨弗莱·鲍嘉[1]。

如果我们把自己看成唯一拥有固定身份的对象,那我们就不再存在了。我们把自己视为对象的一个方法就是通过社会角色判断。萨特将这种行为称作**自欺**或**错信**。这不是件好事。

萨特在咖啡馆里观察服务员,然后他发现要想成为服务员,就得**假装**自己是个服务员。服务员是靠模仿自己对服务员的印象学习做服务员的。服务员有特定的走路方式和特定的态度,在亲近顾客和与其保持距离之间有自己的分寸,等等。只要服务员能明白这只是个角色,那就不会出什么乱子。但我们都知道,有些服务员真的相信自己**就是**服务员,相信自己是服务员就是他们的本质。**简直是自欺!**

笑话通过展示各种极端例子,嘲笑我们不假思索地依靠社会团体的态度和价值来做判断的倾向。这本身就是一种哲学策略,即归谬法。

归谬法是一种逻辑论证方法,它根据某一前提推演出荒谬的论点,从而宣称相反的前提必然是正确的。最近流行这样一种归谬论证:"如果我们将婚姻观念延伸到包括同性结合在内,那如

---

[1] 美国著名男演员,代表作有《卡萨布兰卡》《马耳他之鹰》《非洲女王号》《叛舰凯恩号》等影片,曾获第24届奥斯卡最佳男演员奖。

何能反对人类和鸭嘴兽婚姻的合法性呢?"

在下面这则**归谬法**笑话中,索尔为依靠社会团体做判断的不真实性赋予了全新含义。

埃布和好友索尔外出散步。两人经过一座天主教堂。教堂外有一块标识牌,上面写道:"所有皈依者都能拿到1000美元。"索尔决定进去一探究竟。埃布在外面等他。几个小时过去了,索尔终于从里面走出来了。

埃布问:"结果呢?发生什么了?"

索尔说:"我皈依天主教了。"

"你没开玩笑吧!"埃布说,"那你拿到1000美元了吗?"

索尔回答:"你们这些人满脑子只想着钱吗?"

(这回我们政治不正确了。但我们是哲学家啊。有本事你告我们呀!)

另一方面,想象自己拥有无限可能性和不受约束的自由也是自欺。

两头牛站在田里。其中一头对另一头说:"你对疯牛病怎么看?"

"我为什么要在乎这个?"另一头牛说,"我是一架直升机。"

对存在主义哲学家来说，真正的焦虑——他们称之为"昂格斯特"（angst），因为这个词的发音是如此苦涩——并非一种需要治疗的病理学症状。反之，这是对人类存在状态的基本反应：我们会死亡，我们无法彻底实现自身潜力，我们身处生命毫无意义的威胁中。这一点就足够让你宁愿当个傻瓜哲学家而不是存在主义者了。

存在主义者渴望区分"存在焦虑"（比如对死亡的焦虑，他们认为这源于人类自身的状态）和普通的神经质焦虑（比如诺曼的焦虑）。

诺曼见到医生后就开始上气不接下气，他说："我肯定得了肝病。"

"瞎说，"医生说，"要是你真得了肝病，你根本不会知道。肝病没有任何不适症状。"

"正是如此！"诺曼说，"您说的就是我的症状。"

20世纪德国存在主义者马丁·海德格尔会回答："诺曼，你管这叫焦虑？你甚至还没活过。我说'活'的意思是整天想着死！"海德格尔认为人是**向死的存在**，他在这方面做了深入研究。要想真正地活着，我们必须直面自己会死亡的事实，同时承担起在死亡阴影下有意义地生活的责任。我们不能通过否认死亡来试图回避自己的焦虑和责任。

三个朋友在一场车祸中丧生,他们在天堂的报到仪式上遇到了彼此。天使问他们最想在葬礼上听到亲朋好友说什么。

第一个人说:"我希望人们会说我是位杰出的医生和顾家的好男人。"

第二个人说:"我想听到人们说我作为一名教师给孩子们的生活带来了巨大变化。"

第三个人说:"我想听到有人说:'看哪,他在动!'"

在海德格尔看来,在死亡阴影下生活不仅更具勇气,还是唯一能让人"真正地"活着的方法,因为我们随时可能死去。

这幅漫(见第136页)画阐明了我们的自由是有限制的。一个人要是想加入耶和华见证人会还算可以理解,但他想变成鸭子这事儿有意义吗?

这幅漫画背后其实还隐藏着另一个存在主义谜题——"那些鸭子又觉得自己是何方神圣?"

一男子问占卜师,天堂是什么样的?占卜师注视着水晶球,说:"嗯,我看到了一些好消息和一些坏消息。好消息是天堂里有不少风景极其优美的高尔夫球场。"

"哇哦！太棒了！那坏消息呢？"

"你的开球时间是明早8点半。"

还觉得困惑？再看看下面这则笑话：

画家：我的画卖得怎么样？

画廊老板：嗯，既有好消息也有坏消息。一个人走进画廊问我，你是不是那种死了之后作品会更值钱的画家。我跟他说我觉得你是的，然后他就把画廊里你的所有作品都买走了。

画家：哇哦！太棒了！那坏消息呢？

画廊老板：他是你的医生。

不过，每隔一段时间，我们就会听到一则关于死亡的故事，故事里的人敢于直面和嘲笑终极的焦虑。吉尔达·拉德纳[1]在被诊断出罹患晚期癌症后，仍然有勇气在观众面前讲出下面这则笑话：

一位罹患癌症的女子去看肿瘤科医生，医生说："好吧，你

---

[1] 美国喜剧演员、主持人，著名电视脱口秀《周六夜现场》七位主创之一，1989年死于卵巢癌。生前与丈夫致力于抗癌宣传，关怀其他癌症患者。

的病恐怕已经无力回天了。你只剩8个小时可活了。回家去好好利用这段时间吧。"

女子回家后和丈夫讲了这件事，她说："亲爱的，让我们缠绵一整晚吧。"

丈夫说："你知道一个人有的时候有性趣，有的时候没有，对吧？我今晚没心情。"

妻子请求道："拜托了，亲爱的，这是我的最后一个愿望。"

丈夫说："我真的不在状态。"

"求你了，亲爱的！"

丈夫说："喂，这事儿在你口中当然是小事一桩。反正你明天早上不用起床。"

存在主义者强调直面死亡的焦虑，从而催生了一种新的微型产业——临终关怀运动。该运动建立在20世纪伊丽莎白·库布勒—罗斯博士的生物伦理哲学的基础上，该哲学鼓励人们坦然接受死亡。

餐厅顾客：你们的鸡是怎么烧的？[1]

厨师：哦，没什么特别的。我们就告诉它们马上要死了。

---

[1] 这句话在英语中还有双关意思："你们是怎么给鸡做思想工作的？"

φ

塔索：你在笑什么啊？我在讲对死亡的焦虑呢。这可不是什么好笑的事情。

迪米特里：但世界上还有比死亡更可怕的事啊。

塔索：比死亡还可怕？比如说？

迪米特里：你有没有试过在毕达哥拉斯身边待上一宿？

"你想过变成鸭子吗?"

第七章
语言哲学

美国前总统比尔·克林顿在回应质询时说:"这取决于你说的'是'是什么意思。"他这里搞的就是语言哲学。此外,他可能还在搞别的什么东西。

ф

迪米特里:我终于开始看透你了,塔索。哲学这套玩意儿就是在玩文字游戏!

塔索:没错!现在我们总算有进展了。

迪米特里:你承认了!哲学只不过是语义学!

塔索:只不过是语义学?那你还能怎么来实践哲学?靠嘟哝和傻笑?

日常语言哲学

20世纪中叶，路德维希·维特根斯坦和他在牛津大学的追随者声称，经典的哲学问题（自由意志、上帝是否存在等）之所以令人费解，只不过是因为它们使用了混乱又令人困惑的语言。他们作为哲学家的工作就是要解开语言学的死结，重新梳理这些问题，做一件仅次于解决谜题的事：让谜题消失。

举个例子，17世纪时，笛卡儿宣称人是由心和身体组成的——如同一台机器中住着一个魂灵，这个魂灵就是心。接下来的几个世纪，哲学家都对这种魂灵到底是什么东西感到费解。总之，维特根斯坦在牛津大学的追随者吉尔伯特·莱尔说："这个问题本身就是错的！魂灵不是任何一种事物，因为它本身根本就不是事物。如果我们看看自己如何描述那些所谓的心灵事件，那我们就会发现自己使用的字词在描述行为方面十分简略。就算把本应表示行为的那个词省略，句子的意思也不会有丝毫减少。"就当它省略掉了吧，吉尔伯特。

下面这则故事里的年轻夫妇显然需要重新梳理一下他们的问题：

一对年轻夫妻搬进了新公寓，他们决定给餐厅重新贴张墙纸。于是，两人去拜访了家里餐厅面积一样大的邻居，问道："你给

图下水印标题

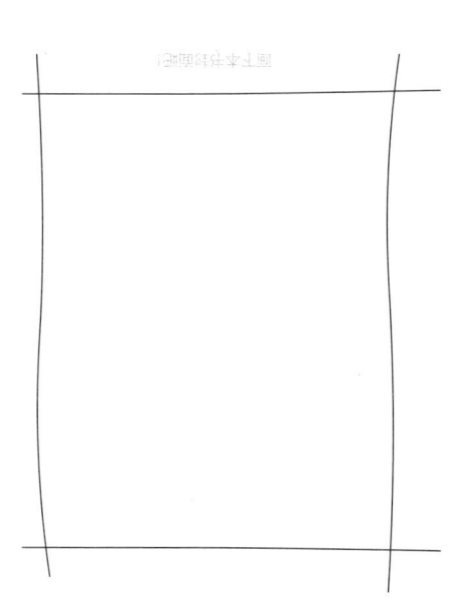

from 米追 ADR(追) → 追忆 +99

一起把书读完吧！

我的"未读"终结日志

UNREAD

书名　　　　　　　　作者

我的进度　　　　　　阅读日期

★ ★ ★ ★ ★

豆瓣金句

我的书摘

餐厅贴墙纸的时候,买了几卷墙纸呀?"

邻居说:"7卷。"

夫妻俩便买了7卷昂贵的墙纸开始贴。结果第4卷刚用完,餐厅就已经贴完了。两人怒气冲冲地跑去找邻居理论:"我们听了你的建议,结果还剩3卷没贴完!"

邻居说:"这么说来,你们和我一样喽。"

哎呀!

诗人格特鲁德·斯泰因[1]**的同性伴侣爱丽丝·碧·托古拉斯在其弥留之际凑上前轻声问道:"格特鲁德,你的答案是什么?"**

斯坦回答:"问题是什么?"

维特根斯坦把西方哲学的所有错误都归咎于所谓的"被语言迷惑",也就是说,字词会误导我们将事物错误地分类。我们被句子的语法形式蒙蔽,而哲学问题正是由这些句子构成的。比如,海德格尔在自己的代表作《存在与时间》中讨论"无",仿佛他在给某种古怪的事物命名一样。下面这个例子与之类似,和语言学困惑有关:

---

1 美国小说家、诗人、剧作家、理论家和收藏家,她致力于语言文字的创新和变革,淡化甚至抛弃了文字的字面意义。

"弗莱迪,我希望你能活到 100 岁零 3 个月。"

"谢谢你,亚历克斯。但为什么还要加上 3 个月呢?"

"我可不希望你突然就死了。"

如果你觉得亚历克斯被语言迷惑了,不妨再看看下面这则笑话里的加伍德:

加伍德去看心理医生,并向医生抱怨自己找不到女朋友。

"那是肯定的啊!"医生说,"你一身臭味儿!"

"既然你这么说了,我得解释一下," 加伍德回答,"这都是因为我的工作——我在马戏团工作,跟在大象屁股后面清理粪便。不管我怎么洗,这股臭味儿都散不掉。"

医生说:"那你就辞职重新找个工作呗!"

"你疯了吗?"加伍德反驳道,"你让我就这么退出演艺圈?"

加伍德把"演艺圈"这个词的含义搞混了,他认为混演艺圈包括清理大象粪。在"演艺圈"的情感内涵中,处于聚光灯之下才是最重要的。

根据日常语言哲学家的观点,语言的目的不止一种,而且在不同语境中有不同运用。牛津大学哲学家约翰·奥斯汀指出,"我承诺"和"我画画"从语言学角度来讲完全不同。"我画画"并不等于"画出了画", 而 "我承诺" 则意味着 "做出了承诺"。[1] 某种语言适用于一种语言学框架, 但如果将其用在另一种不同的语言学框架内, 就会导致哲学困惑和伪谜题, 这就是哲学的历史。

日常语言哲学家认为, 关于是否信仰上帝的争论之所以持续数世纪之久, 是因为人们企图像处理事实一样表达这一问题。他们说宗教语言是一种完全不同的语言。有些人说宗教语言和影评人伊伯特与罗珀使用的语言一样是评价性语言:"我相信上帝", 其实仅仅意味着 "我认为某些价值观很好"。其他人说宗教语言表达了感情:"我相信上帝"意味着"当我思考宇宙时, 我会起鸡皮疙瘩", 这两种说法都不会让你在说"我相信上帝"时陷入哲学困惑之中。砰! 谜题解决了! 2500 年的宗教哲学就这么付诸东流。

在下面这则故事里, 古登芬格和福奥克斯就在两种不同语言学的语境下交谈。即使他们讲的是两种不同语言, 情况也并无改善。

古登芬格乘船航行。旅行的头天晚上, 他和法国人福奥克斯先生坐在一起吃晚饭。福奥克斯向古登芬格举杯致意:"奔纳皮提 (*Bon appetite*)!"

---

[1] 文中涉及述愿语和述行语的概念。述愿语指发表一个声明、描述一种状况。述行语指说出话的同时完成了它所指的行为。文中"我画画"是述愿语, 因为说出我画画, 并不能完成画画这件事。"我承诺"是述行语, 因为说出这句话的同时, 完成了"承诺"这件事。

古登芬格也举起酒杯回答:"古登芬格!"

之后每次吃饭两个人都是如此。直到航行差不多快结束的时候,船上的乘务长终于看不下去了,他跟古登芬格解释说,"奔纳皮提"在法语里是"用餐愉快"的意思。

古登芬格感到特别尴尬,迫不及待要在下次一起吃饭的时候补救一下自己的失误。于是,他在福奥克斯说话之前就举杯道:"奔纳皮提!"

福奥克斯回答:"古登芬格!"

故事中的人物往往有不同的任务,并为我们提供了愚蠢的类比来阐明不同的语言学框架是如何阻碍交流的。

汤米去找神父告解:"保佑我,神父,因我有罪。我和一个作风放荡的女子厮混了。"

神父说:"汤米,是你吗?"

"是的,是我,神父。"

"你和谁厮混了,汤米?"

"我还是不说出来比较好,神父。"

"是布丽吉特吗?"

"不是,神父。"

"是科琳吗?"

"不是，神父。"

"是梅根吗？"

"不是，神父。"

"好吧，汤米，说四声'我们的天父'、四声'万福马利亚'。"

汤米走出教堂后，他的朋友帕特问他告解得怎么样。

"棒极了，"汤米说，"我说了四声'我们的天父'、四声'万福马利亚'，还得到了三条不错的线索！"

在下面这则故事里，神父受困于自己对告解室信息交换框架的理解中，看不到其他可能性。

一男子走进告解室，告诉神父："神父，我已经75岁了，但昨晚我同时和两个20岁的姑娘翻云覆雨。"

神父说："你上次告解是什么时候？"

男子说："我从来没告解过，神父。我是犹太教徒。"

神父说："那你跟我说这件事干什么？"

男子说："我想把这件事告诉所有人！"

很多笑话都是以**双关语**为基础的，在这些笑话里，同一个词组在不同的语言学框架下有完全不同的意义。实际上，正是两种框架中词义的反差制造了笑点。

一位钢琴师在酒吧演奏,他养的猴子在每首曲子结束之后四处收小费。猴子在钢琴师演奏的时候跳上吧台,走到一位客人面前,蹲在他的酒杯上,把睾丸浸到了酒里。客人生气地走到钢琴师面前,质问他:"你知道你的猴子把蛋浸到我的马丁尼里了吗?"

钢琴师说:"我没听过这首歌,伙计。不过你哼几句,我也许能弹出来。"

很多谜题都试图误导我们,让我们假设自己处于某一语言学框架之内,事实上我们处于另一种完全不同的框架中。

"以下哪个选项和其他选项不是同一类:疱疹、淋病,还是位于克利夫兰的公寓?"

"显然是公寓。"

"错了,是淋病。这是你唯一能够摆脱的东西。"

有人批判说日常语言哲学只不过是文字游戏,但维特根斯坦坚持认为混淆语言学框架可能导致致命的错误。

比林斯利去医院看望奄奄一息的朋友哈特菲尔德。比林斯利刚站到病床边,哈特菲尔德的健康状况就急转直下,他疯狂挥手示意比林斯利给他个可以写字的东西。比林斯利递给他一支笔和一张纸,哈特菲尔德用尽最后一丝力气草草写下一张字条。刚写完没多久,他就死了。比林斯利把字条放进口袋,因为太过悲伤而没去读。

几天后,比林斯利在追悼会上和哈特菲尔德的家人交谈时,突然想起来字条就在他穿的夹克口袋里。他对哈特菲尔德的家人说:"哈特在去世前给了我一张字条,我还没来得及读。依我对他的了解,我敢肯定,他写的是能够鼓舞我们大家的话。"接着他大声读了出来:"你踩在我的输氧管上了!"

讽刺的是,从全世界范围来看,以精确使用语言为基础的哲学运动应在英国得到发展,因为不少笑话都旨在取笑那个国家的人常常被语言迷惑这一事实。

英格兰圣公会的一位教区牧师接见了一位信徒,信徒说:"可敬的牧师,我最近听到了一首有趣的打油诗,说不定您会喜欢。不过我得提醒您,这首诗有点儿下流。"

"噢,没事的,"牧师说,"我不介意偶尔来点儿段子。"

"那好,这首诗是这样的:

年轻小哥斯金万,

约了姑娘吃晚饭,

八点三刻时,

晚饭才开始,

不到十点钟,

便进女腹中。"

"什么东西进了她的腹中,"牧师问,"晚饭?"

"不是啊,可敬的牧师,是斯金万呀。斯金万进去了。"

"噢,天哪,当然了。没错!很有趣的诗。"

几周后,主教来拜访牧师。牧师说:"主教,我教区的一个教友跟我讲了首有趣的打油诗。要是您不介意这首诗有点儿下流的话,我很想讲给您听。"

"你说吧。"主教说。

"这首诗是这样的,"牧师说:

"年轻小伙塔帕山,

约了姑娘吃晚餐,

两点三刻才坐下,

两人共进下午茶,

三点四十又五分,

成功上位压女身。"

"压女身?"主教说,"什么东西压到了她身上?晚饭?"

"不不,主教。一个名叫斯金万的陌生人压到了她身上。"

这群人是否才是日常语言哲学的鼻祖?

专名的语言学地位

过去50多年间,哲学日益专攻某一领域,逐渐不再涉及诸如自由意志或者上帝存在性等结构宏大的问题,而是更加关注逻辑和语言清晰性的问题。我们并非在命名名称,但有些哲学家似乎走了极端,比如最近那些对专名的意义感兴趣的哲学家。伯特兰·罗素认为,名称实际上是简略的描述。举个例子,"迈克尔·杰克逊"就是"做了特殊隆鼻手术的粉皮肤歌手"这一描述的简称。

对于名叫"索尔·克里普克"[1]的当代哲学家来说,个体的名字不具有任何描述性定义。它们是"固定指称词"(用日常英语来说就是标签),和所指代的人或物之间唯一的联系便是那条使其流传下来的历史传播链。

麦伦·菲尔德斯坦进入演艺圈后改名叫弗兰克·威廉姆森。为了庆祝自己获得了一场百老汇戏剧的主角,他在顶楼的豪华公寓里举办了一场盛大派对。他邀请了自己的妈妈来参加派对,但她最终没有到场。

第二天早上,他发现自己的妈妈坐在楼下大厅里。他上前问她在这儿干什么,昨晚为什么没来参加派对。

---

[1] 美国逻辑学家、哲学家,模态逻辑语义学的创始人之一,因果—历史指称论的首倡者之一。

"我找不到你的公寓。"妈妈说。

"好吧,那你怎么不问问门童呢?"

"相信我,我也想到了这个办法。但说实话,我不记得你的名字了。"

弗兰克(或者按他妈妈的叫法:麦伦)中断了"麦伦"这个名字的历史传播链。

维特根斯坦和一位较为传统的哲学家之间发生过一场令人苦恼的讨论,后者很容易辨认,因为她常戴着一串古典风格的珍珠项链。注意,传统主义者显然会觉得"我爱你"和"爱你哟"两种说法表达的是一个意思。

维特根斯坦觉得有必要纠正她,所以他解释说单词的意义取决于其运用规则。由于"我爱你"和"爱你哟"两种表达在日常语言中的运用大不相同,因此两者的意义和社会影响也大相径庭。

小测验

下面这则笑话中,发挥作用的是罗素还是克里普克的称谓理论?

一个年轻男子在船只失事后独自漂流到了一座荒岛上。一天，他看见一个人正朝自己游过来。那人竟然是哈莉·贝瑞！几小时后，两人就成了一对打得火热的情侣。接下来几周，两人整日整夜地缠绵。后来有一天，男子对哈莉说："我有件特别的事想请你帮忙，可以吗？"

"你让我做什么都行。"美丽的哈莉回答。

"太好了。你能不能把头发剪得特别短，然后让我叫你特德？"

"噢，这听上去有点怪怪的。"哈莉说。

"答应我嘛——拜托，拜托，拜托！"

"唉，好吧。"哈莉说。

当晚，两人手牵手沿着海岸散步的时候，年轻男子突然转过头来说："特德，你肯定猜不到我睡了谁！"

模糊哲学

"模糊"（vagueness）[1]是当代一种专门的语言学概念，它的名字看似平淡无奇。一群叫作"模糊逻辑学家"（我敢发誓就是

---

[1] 这个词在英语中还有糊涂的意思。

这个名字）的哲学家用"模糊"一词来形容某事物"具有一到十种真值"[1]而非仅有真和假两种真值这一性质。举个例子，"那人是个秃头"指代的对象从迈克尔·乔丹到马特·劳尔[2]都有可能。在马特看来，这句话也太含混不清了。

有些哲学家将模糊看成自然语言（比如瑞典语或斯瓦希里语）中普遍存在的缺陷，并提倡建立一种类似数学的人造语言，以此来消灭模糊性。

下面这则故事中的保安试图把模糊的自然语言、精确的数学语言和可预见的结果混为一谈：

一群游客在参观自然历史博物馆时，对恐龙骨架啧啧称奇。其中一位游客问保安："你知道这些骨头有多少年历史了吗？"

保安回答道："300万零4年6个月。"

"这也太精确了，"游客说，"你怎么知道得这么准确？"

保安回答："这个嘛，因为4年半之前我刚来这儿工作的时候，这副骨架刚好有300万年历史。"

威廉·詹姆斯描述了从"宽容"到"较真儿"的一系列思考方式。宽容的哲学家认为模糊的自然语言优于数学语言：因为它

---

[1] 经典逻辑假定，每一陈述必定是真或假，真与假就是它的真值。
[2] 美国男演员，也是著名脱口秀《今日秀》主持人，曾出演电影《奥德赛》《我是传奇》等。

们能提供更多回旋余地。

一位八旬老妇人闯进了养老院的男休息室。她高举着紧握的拳头，宣布说："谁能猜出我手里攥着的东西，谁今晚就能和我共度良宵！"

一个老头儿在后面大吼："大象？"

老妇人想了一会儿，说："猜得很接近了！"

较真儿的哲学家也许会给这位老妇人一点回旋余地，但他们会举例说明精确的重要性，而自然语言的模糊性可能引发灾难性后果。如果使用人造语言，下面的悲剧说不定就能避免了。

"911"报警电话的调度员接到一个惊慌的猎人打来的电话："我刚刚在树林里看到了一具血迹斑斑的尸体！是个男的，我觉得他已经死了！我该怎么办？"

调度员冷静地回答道："一切都会没事的，先生。你照着我的指示做就行了。首先放下手机，确认该男子已经死亡。"

电话另一头陷入了沉寂，紧接着传来一声枪响。随后电话里传来猎人的声音："确认了。现在我该做什么呢？"

模糊规则

这是一个真实的故事：

盖·戈马坐在英国广播公司（BBC）的接待室里等待面试，他应聘的是数据支持专员。这时，一位电视制作人走进接待室问他："你是盖·邱尼吗？"

戈马先生来自刚果，英语不太好，所以他回答："我是。"

制作人带着他飞快地走进演播室。电视新闻直播的主持人正在那儿等着采访一位商业专家，询问他关于苹果电脑和苹果唱片公司之间的商标纠纷问题。"您对今天的裁决结果感到惊讶吗？"主持人问。

一阵恐慌过后，戈马先生决定尽力展现自己最好的一面。"我对这次裁决的结果感到十分惊讶，因为我完全没想到。"他回答。

"十分惊讶啊？"主持人说。

"没错。"戈马先生回答。

主持人接着问他，这次裁决是否会让更多人能下载音乐。戈马先生保证，未来越来越多的人将能下载音乐。

主持人深表赞同。"真的非常感谢您！"主持人激动地说道。

ф

迪米特里：这把我们讨论的所有事情都说清楚了。

塔索：用什么方法说清楚的？

迪米特里：你称之为"哲学"的玩意儿，不过我称之为"笑话"。

"我从来没说过'我爱你'。我说的是'爱你哟'。区别可大了。"

第八章
社会和政治哲学

社会和政治哲学能够检验社会中的公正性问题。我们为什么需要政府？商品应当如何分配？我们如何才能建立起公平的社会系统？远古时代，这些问题是靠强者用骨头棒子击倒弱者来决定的。随着社会和政治哲学几个世纪的发展，现在我们发现导弹比骨头有效多了。

φ

迪米特里：塔索，我们可以聊哲学聊到筋疲力尽，但在迫不得已的情况下，我想要的只不过是一间属于自己的屋子、一只绵羊和一日三餐。

塔索猛推了迪米特里一把。

迪米特里：你干吗？

塔索：当我或者其他人想推你的时候，是什么阻止了我们这么做？

迪米特里：当然是国家执法者了！

塔索：但他们怎么知道要这么做以及为什么要这么做呢？

迪米特里：天哪，我们又开始讨论哲学了，对吧？

自然状态

17—18世纪的政治哲学家（如托马斯·霍布斯、约翰·洛克、让-雅克·卢梭等）对推动政府形成的动力追根溯源，得出这一切源于人类在动荡不安的自然状态下所产生的不安全感。这些哲学家谈论的不仅是自然环境中来自野兽的威胁，还有法律的缺失——在双向车道上行走的风险、碰到吵闹邻居的风险、妻子出轨的风险等。这些不便促使人们组成了主权国家。人们愿意接受对个人自由的约束，并以此作为国家利益的等价交换。

一只野兔被抓起来送到了国家卫生研究院的实验室里。它到实验室后，就和另一只在这里出生长大的兔子成了朋友。

一天晚上，野兔发现自己的笼子没关好，于是便决定逃出去。它邀请实验室里的那只兔子和它一起逃走。实验室里的兔子犹豫不决，毕竟它从没出过实验室，但野兔最终说服它尝试了一下。

两只兔子逃出来后,野兔说:"我带你去一个好地方,那个地方在我心中排第三。"然后,它带实验室里的兔子去了一块长满生菜的地。

它们在生菜地里饱餐一顿后,野兔说:"现在我带你去看看我心目中第二好的地方。"然后,它带实验室里的兔子去了一块长满胡萝卜的地。

它们在胡萝卜地里又吃了个饱,野兔又说:"现在我要带你去一个最棒的地方。"然后,它带实验室里的兔子去了一座全是母兔的养兔场。这里简直是天堂——没日没夜地寻欢作乐。

破晓时分,实验室里的兔子说自己得回去了。

"为什么?"野兔说,"我带你看了长满生菜的地、长满胡萝卜的地和全是姑娘的地。你为什么还想回实验室?"

实验室里的兔子回答:"我忍不住啊。我太想抽烟了!"

这就是组织化社会的好处。

霍布斯在描述无政府状态下的人类生活时提出了一个著名论断,他将人的自然状态定性为"孤独、'可伶'(poore)[1]、肮脏、野蛮、短命"。据我们所知,霍布斯不是个喜剧演员,但列举的

---

1 霍布斯《利维坦》原文的笔误,应该是可怜(poor)。

时候在最后插入一个风马牛不相及的词语总是很好笑。比如某位女士在抱怨的时候说度假酒店的食物是:"又冷、又没熟、又恶心——而且分量还太少。"

霍布斯没能预见到,在自然状态下人类天性中还有浪漫生活的一面,尤其是如今有那么多人试图唤起自己内心野性的一面。

特鲁迪和约瑟芬报名参加了澳大利亚内陆探险。一天深夜,一个缠着腰带的土著袭击了两人的帐篷,把特鲁迪从床上拽下来,拖进丛林"做了一些事"。直到第二天早晨,大家才在一棵棕榈树下找到了神情恍惚、瘫倒在地的特鲁迪。同伴们赶紧把她送去悉尼的医院治疗。第二天,约瑟芬去医院看望特鲁迪,发现她垂头丧气的。

约瑟芬:你一定很难过吧?

特鲁迪:当然了!都过了一天了,他既没寄贺卡也没寄花来,连电话都没打一个!

强权即公理

在16世纪写下《君主论》的尼科洛·马基雅维利被称为"现代权谋之父",因为他建议文艺复兴时期的君主摈弃那些被广泛接受的道德标准,而"在必要时使用邪恶手段"。他认为国家权力至高无上,因此他给君主们的建议是……嗯,马基雅维利主义。他一开始就承认自己对道德的衡量方式是该道德能否让君主保住王位。虽说比起受人爱戴,君主最好令人敬畏,但他同时也要避免被人民仇恨,因为这可能会威胁到君主的权力。最好的办法就是心狠手辣地追逐权力,同时又让自己的所作所为看起来很正当。即:

一女子起诉一男子诽谤,她指控该男子骂她是猪。男子被判有罪,并赔偿女子的损失。审判过后,他问法官:"是不是以后我都不能说哈丁夫人是猪了?"

法官说:"没错。"

"那我是不是也不能叫一头猪哈丁夫人?"

"不,"法官说,"你可以叫一头猪哈丁夫人。这不算犯罪。"

男子看着哈丁夫人的眼睛说:"下午好,哈丁夫人。"

笑话总是赞成这种马基雅维利主义诡计,特别是当我们很确定自己不会被抓的时候,没人能抵挡这样的诱惑。

一男子在拉斯维加斯赢了 10 万美元,他不想让任何人知道这件事,所以把钱带回家埋到了后院里。第二天早上他去后院的时候只看到一个空空如也的坑。他发现脚印一直延伸至隔壁,而他隔壁住着一个聋哑人,于是他请街道另一头会打手语的教授帮忙和邻居对质。男子带上手枪,和教授一起去敲邻居家的门。邻居开门的时候,男子在他面前挥舞着手枪,对教授说:"你告诉他,要是他不把我的10万美元还给我,我现在就毙了他!"

教授把这话转达给了邻居,邻居说他把钱埋在了自己后院的樱桃树下。

教授转身对男子说:"他不肯告诉你。他说他宁可去死。"

意料之中,马基雅维利支持死刑,因为这最符合君主的利益,能让他们显得严厉而非仁慈。换句话说,他同意犬儒主义者说的"死刑能保证永远不会出现'怎么又是你?'的情况"。

马基雅维利相信,无论我们表面上甚至思想上看起来多正直,在内心深处,我们都是马基雅维利主义者。

帕克夫人被传唤去当陪审员,但她请求告假,因为她不认同死刑。公设辩护人说:"不过女士,这次审判的不是谋杀案啊。这是一起民事诉讼。一女子起诉她前夫豪赌挥霍了25000美元,本来他承诺要拿这笔钱重新装修浴室给她过生日的。"

"好吧,我会出席的,"帕克夫人说,"我现在觉得我之前对死刑的看法可能错了。"

不过稍等一下。这则笑话有没有可能发生在我们身上？现在，有些历史学家相信马基雅维利通过一种逆向马基雅维利主义将我们玩弄于股掌之间——看起来邪恶，其实坚守传统道德。话说回来，马基雅维利最终是不是在讽刺专制统治？普利策奖得主、历史学家加勒特·马丁利在他的论文《君主论：政治科学抑或政治讽刺？》中说，马基雅维利受到了不公正对待："有观点认为《君主论》这本小册子是在严肃、科学地论述政府，但该观点和我们对马基雅维利的生活、作品、所处时代历史的了解格格不入。"

换句话说，马丁利认为，马基雅维利是一只披着狼皮的羊。

女性主义

下面这则谜题困扰了人们好几十年：

一男子目睹他的儿子骑着自行车出了严重的事故。他一把抱起儿子放到汽车后座上，飞速驶向急诊室。男孩被推进了手术室，外科医生说："天哪！是我儿子！"

这是怎么回事？

没错！外科医生是男孩的妈妈。

如今，就连拉什·林博[1]都不会被这则谜题难倒了。美国的女性医学博士数量快速增长，日益接近男性医学博士的数量。这都归功于 20 世纪末女性主义哲学的力量。

英国广播公司就全球伟大哲学家这一主题发起了一次听众投票，没有一位女性哲学家进入前 20 名（卡尔·马克思夺魁）。这一结果引发了世界范围内女性学者的极大愤慨。新柏拉图主义者、希腊哲学家希帕蒂娅呢？或者中世纪散文家希德嘉呢？为什么同样是向对方学习，12 世纪的埃罗伊兹[2]没上榜，而阿伯拉尔却赢得了投票（虽然他也没进入前 20）？17 世纪的女性主义先锋玛丽·阿斯特尔呢？还有当代的汉娜·阿伦特、艾丽斯·默多克[3]，和安·兰德[4]呢？

是不是学术界已经无可救药地充斥着大男子主义，使得受过教育的大众对这些伟大哲学家视而不见，还是说，她们那个年代的蠢猪们在当时没有给予这些女士足够认真的对待？

---

[1] 美国保守派电台政论节目主持人。

[2] 12 世纪法国女学者。皮埃尔·阿伯拉尔，12 世纪法国经院哲学家，埃罗伊兹的爱人。两人年轻时私奔，育有一子，后由于家族迫害和教会压力而无法维系婚姻，演绎了一段爱情悲剧。

[3] 爱尔兰作家，幼时移居伦敦，并于牛津大学和剑桥大学修读哲学。

[4] 俄裔美国哲学家、小说家和公共知识分子。

女性主义哲学的真正黎明要追溯到18世纪，当时玛丽·沃斯顿克莱夫特出版了开创性（或者说卵巢性[1]？）著作《为女权辩护》(A Vindication of the Rights of Women)。她在书中采用的正是卢梭的观点，建议为女性提供系统的基础教育。

20世纪，哲学家（兼萨特的情人）西蒙尼·德·波伏娃撰写的《第二性》出版上市，该书从存在主义角度重新诠释了女性主义。波伏娃声称女性本质这种东西并不存在，而是男性强加在女性身上的束缚。相反，女性完全可以自己定义何为女性。

不过女性这一概念到底有多宽松呢？我们与生俱来的生殖器官是否与我们的性别身份毫无关联？一些后德·波伏娃女性主义者就是这么认为的。她们宣称人类出生时都处于性别空白状态，我们的性别身份是从社会和父母那里获得的。如今要想了解人们的性别角色真是出奇地困难。

两个男同性恋站在街角，这时一位美丽窈窕、穿着低胸紧身雪纺裙的金发女郎走过。

其中一个对另一个说："每当这个时候，我就希望自己是个女同性恋！"

---

[1] 在英语中，"富有开创性"（Seminal）一词还有"与精液有关"的意思，这里的"卵巢性"是在讽刺大男子主义。

传统性别角色是否只是男性发明出的用来驯服女性的社会结构，还是说这些角色是由生物学决定的？该谜团一直让哲学家和心理学家莫衷一是。其中一些人想得比较深刻，坚信性别差异是由生物学决定的。举个例子，当弗洛伊德宣称"解剖学即命运"的时候，他从目的论角度提出论点，认为女性的身体构造决定了女性的社会角色。我们不清楚他得出结论说女性应该负责熨烫衣物的时候，参考的是哪种解剖属性。或者想想另一位生物学决定论者戴夫·巴里，他指出，如果一位女性必须在接住一记高飞球[1]和救一个孩子的命之间做出选择，她会毫不犹豫地选择救孩子，甚至都不会去想有没有人上垒。

男性角色是否由生物学决定这个问题同样存疑。比如说，鉴于男性的解剖属性，他们是否在择偶时更倾向于采用原始标准？

一男子同时和三个姑娘谈恋爱，想从中挑一个结婚。于是，他给每个姑娘5000美元，想看看她们会拿这笔钱做什么。

第一个姑娘彻底改头换面。她去了一家高档美容院，做了头发、美甲、美容，还买了几身新衣服。她告诉男子，自己之所以这么做，是想增加对他的吸引力，因为她太爱他了。

第二个姑娘给男子买了不少礼物。她买了一套新的高尔夫球

---

[1] 棒球术语，高飞球被守方接住后，跑垒员才能冲下一个垒包，否则算出局。

杆、一些电脑配件，以及一些昂贵的服饰送给他。她告诉男子，自己之所以把所有钱都花在他身上，是因为她太爱他了。

第三个姑娘把这笔钱投进了股市。她使5000美元翻了好几番。然后她把5000美元还给男子，把剩下的钱放进共同账户再次投资。她告诉男子，自己之所以想为两人的未来投资，是因为她太爱他了。

那男子到底选了谁呢？

答案：他选了最丰满的那个。

小测验

这则笑话反对的是女性主义者还是大男子主义者？讨论开始。

这里还有一则讨论男女本质差异的笑话。之所以称它为本质差异，是因为最初的人类不受社会结构的影响，他产生的冲动是发自内心的。

上帝在伊甸园中现身于亚当和夏娃面前，宣布自己给两人各准备了一份礼物，他想让两人自己决定选哪个。他说："第一份礼物是站着撒尿的能力。"

亚当想都没想就叫道："站着撒尿？太棒了！听起来太酷了！我要选这个！"

"好吧，"上帝说，"那这份礼物就是你的了，亚当。而夏娃你嘛，就拿另一份礼物——多次高潮的能力吧。"

女性主义对社会和政治产生的结果有很多：投票权、强奸受害者保护法、工作中较好的待遇和报酬。近来，女性主义产生的另一社会后果就是引发了男性的强烈抵制。一种新的笑话由此诞生：政治不正确笑话。

把任何嘲笑女性主义的笑话称为政治不正确为这些笑话增加了新层面——"我知道这个笑话和人们接受的自由哲学相悖，不过，嘿，你就不能有点幽默感吗？"通过这句话，讲笑话的人做了个大不敬的声明，让笑话更加好笑，也让自己的社会处境更加危险，正如我们在下面这则出格的笑话中看到的一样：

一架飞跃大西洋的飞机穿越了强烈风暴。本来飞机就处于强烈颠簸中，突然，一边机翼被闪电击中，当时的形势如同火上浇油。

乘客中，有一名女子情绪尤为失控。她站到客舱前部尖叫："我还很年轻，我不想死！"接着她大喊，"好吧，如果我注定要死，我希望生命的最后时刻是值得铭记的！从来没有人让我有做女人的感觉!我真是受够了!这架飞机上有谁能让我有做女人的感觉吗?"

机舱里寂静了片刻。所有人都忘记了自己的危险处境,他们都紧盯着站在机舱前部的那个绝望女子。然后机舱后部一男子站了起来。他身材高大魁梧,有着古铜色皮肤和乌黑发亮的头发。他一边在走廊里慢步走来,一边解开自己的衬衫。"我能让你有做女人的感觉。"他说。

机舱里没人动弹。男子走近的时候,女子开始兴奋起来。当走到女子面前时,他脱下衬衫,露出线条突出的胸部肌肉,然后伸出手臂把衬衫递给颤抖的女子,说:"把这件衣服熨好。"

为了回击政治不正确的笑话,另一种新型笑话诞生了。这种笑话开头类似于典型的老掉牙的大男子主义笑话,但加上了女性最终获胜的反转情节。

赌场里两个男庄家百无聊赖地在牌桌旁等待。这时一位迷人的金发女郎走到桌边,在一轮骰子游戏上押了2万美元。她说:"希望你们不要介意,但我一丝不挂的时候运气会更好。"话音刚落,她就脱光衣服,掷了骰子,然后大喊:"加油,宝贝儿,妈妈需要几件新衣服!"骰子停下的时候,她上蹿下跳地尖叫道,"太好了!太好了!我赢了,我赢了!"她拥抱了两个庄家,拿走了自己赢的钱和衣服，很快离开了。两个庄家目瞪口呆地面面相觑。最后，其中一个人问："她掷的是几？"另一个人回答："不知道啊，我以为你看了。"

寓意：金发女郎不一定都傻，但男人到头来都只是男人。

这里还有另一则新女性主义流派的笑话：

飞机上，一位金发女郎坐在一位律师旁边。律师一直在烦她，想让她和自己玩个游戏，通过这个游戏能看出谁的知识面更广。最后，律师说，他愿意提供 10∶1 的赔率。每次她不知道律师提出问题的答案，就要给律师 5 美元。而每次律师不知道她提出问题的答案，就要给她 50 美元。

女郎同意了，律师问她："地球距离最近的恒星有多远？"

她什么都没说就给了律师 5 美元。

接着她问律师："什么东西上山的时候是三条腿，下山的时候就变成四条腿？"

律师想了很久，最终不得不承认自己不知道答案。他给了女郎 50 美元。

金发女郎一言不发地把钱放进了钱包。

律师说："等等。你刚才那个问题的答案是什么？"

她二话不说，给了律师5美元。

经济哲学

在海尔布隆纳那本关于经济理论家的经典著作《世界哲学家生平》中，开篇便是："这是本关于一群成名原因奇特之人的书。"没错，就连经济学都拥有自己的哲学家。

美国宣布独立的同一年，苏格兰经济哲学家亚当·斯密写下了他的卵巢性作品（还是应该说精液性[1]作品？）《国富论》。该书为自由市场资本主义构建了蓝图。

根据斯密的观点，资本主义有一项优势，即能够促进经济创造力。这么看来，似乎利己主义能够像告知某人他马上将被绞死一样[2]让他的头脑变清晰。

一男子走进银行说想贷款200美元，期限6个月。贷款负责人问他用什么担保。男子说："我有一辆劳斯莱斯。这是钥匙。等贷款还清后，再还给我。"

---

1 见P163注释。
2 塞缪尔·约翰逊的名言："如果一个人知道自己将要在两星期后被绞死，他的头脑将变得十分清晰。"

6个月后，男子回到银行，还清了200美元和10美元利息，取回了他的劳斯莱斯。贷款负责人说："先生，我能问问吗，为什么一个开劳斯莱斯的人需要借200美元？"

男子回答："我要去欧洲6个月，还有哪里可以只花10美元就能存6个月的劳斯莱斯？"

在资本主义理论中，经济受"市场规律"调节。举个例子，良好的库存控制能为企业提供竞争优势。

采访者：先生，您这一生积累了巨大的财富。请问您是怎么做到的呢？

百万富翁：我的钱都是靠卖信鸽赚的。

采访者：信鸽！太有趣了！您卖了多少只呢？

百万富翁：就一只，但它每次都会飞回来。

资本主义不断演化，经济哲学不得不奋起直追。市场中的创新向人们展示了亚当·斯密和传统经济哲学家从未想象过的复杂性。比如说，健康保险创造了一种情况，即购买保险者的最佳利益是不拿到等值的钱。可以这么说，购买五花肉期货和购买一头猪显然不是一回事。市场的经典规则似乎不太适用于某些创新，抽奖就是其中一种。

吉恩·保罗是个卡津人[1]，他搬到了得克萨斯州，花100美元从一个老农手中买了头驴。农夫同意第二天把驴给他送过来。

第二天，农夫开车过来说："对不起，我有个坏消息要告诉你。那头驴死了。"

"那好吧，把我的钱还我就行了。"

"还不了了。我已经花光了。"

"那行，你把驴从车上卸下来吧。"

"你打算怎么处理这头驴？"

"我打算用它搞个抽奖活动。"

"你怎么能拿一头死驴搞抽奖活动！"

"当然可以。看我的。我只要不告诉别人这是头死驴就行了。"

一个月后，农夫遇到了这个卡津人，他问："那头死驴怎么样了？"

"我用它搞了个抽奖活动。我卖了500张券，每张2美元，一共赚了898美元。"

"没人抱怨吗？"

"只有那个中奖的家伙抱怨了。所以，我就把他的2美元还给他了。"

古典经济学家也不太关注我们现在说的"潜在价值"，例如

---

[1] 美国路易斯安那州的法国移民后代，讲旧式法语。

全职妈妈们提供的无偿劳动。下面这则故事解释了潜在价值这一概念：

一位著名的艺术收藏家在市里赶路的时候，注意到一家商店门口有只癞皮猫凑着一个小碟子舔牛奶。他先是瞥了一眼，之后回过头仔细端详，发现这个碟子年代极其久远，价值连城。他慢慢地踱进店里，提出想花 2 美元买下那只猫。

店主回答："很抱歉，那只猫是非卖品。"

收藏家说："拜托了，我家里需要一只饿猫来抓老鼠。我付你 20 美元。"

店主说："成交。"然后把猫给了他。

收藏家继续说："嘿，既然我花了 20 美元，你能不能把那个旧碟子也送给我？这只猫已经用惯它了，这样我也不用再去买新碟子了。"

店主说："抱歉，兄弟，但这是我的幸运碟。到目前为止，这周我已经卖出去 38 只猫了。"

值得肯定的是，亚当·斯密预见了无节制资本主义的一些隐患，比如垄断企业的产生。直到 19 世纪，卡尔·马克思构建起经济哲学，借以批判资本主义结构中根深蒂固的问题——商品不可避免地会分配不均。马克思认为，一旦爆发革命，由平民组成的政府就能消灭贫富差距——这种差距涉及从所有权到信贷的所有方面。

最近我俩想在古巴买一些禁运的廉价雪茄,结果进了哈瓦那的一家喜剧俱乐部,并观看了这段喜剧表演:

何塞:这世界太疯狂了!富人明明有钱,却能赊账。穷人明明没钱,却必须一手交钱一手交货。难道马克思说的不是应该恰恰相反吗?应该允许穷人赊账,而富人则应该一手交钱一手交货。

曼纽尔:但那些允许穷人赊账的店主很快自己也会变成穷人的!

何塞:这不更好!那他们也能赊账了!

马克思认为,革命之后形成的无产阶级专政国家自身也会"消亡"。不过我们仍觉得把马克思称作无政府主义者是对他的污蔑。

小测验

下面哪个马克思更接近无政府主义者?是说过"被压迫阶级必将站起来,打碎身上的枷锁"的卡尔·马克思,还是说过"除了狗之外，书籍是人类最好的朋友，但若想像读书一样读懂狗的内心，那就太难了"的格鲁乔·马克思？

也许你会问自己："资本主义和共产主义之间到底有什么不同？"或许你不会这么问。不管怎样，这个问题都不难回答。在资本主义社会中，人们剥削自己的同胞；在共产主义社会中，情况恰恰相反。

这一复杂难解的问题促成了资本主义和社会主义相互妥协，形成了所谓的社会民主主义。社会民主主义为无法工作的人提供福利，同时立法保护劳资集体协商的合法性。然而，该妥协迫使某些左翼分子结交了志向不同的伙伴。

一位工会代表在巴黎参加会议，他决定去妓院消遣一下。他问老鸨："你们这里有工会吗？"

"没有。"她回答。

"那小姐们能赚多少钱？"工会代表问。

"你付 100 美元，我们拿 80 美元，小姐拿 20 美元。"

"这是惨无人道的剥削！"男子说完，夺门而出。

最终，他找到了老鸨口中所说的那家有工会的妓院。他问里面的老鸨："如果我付你 100 美元，小姐能拿多少？"

"能拿 80 美元。"

"太好了!"他说,"我想点柯莱特。"

"我知道你想点她,"老鸨说,"不过在这儿,特蕾莎的资历更高,所以你别无选择。"

经济理论特别容易产生"对没有差异的两者进行区分"这样的谬误。举个例子,给穷人提供福利和给富人减税之间真的有差异吗?

在下面这则笑话里,芬伍德先生运用的策略就是对没有差异的两者进行经济上的区分:

芬伍德有一头奶牛,但找不到地方放牧。于是他去拜访邻居波特先生,提出付给他20美元,让自己的奶牛在波特家的牧场里待一个月。波特同意了。好几个月过去了,奶牛养在波特家的牧场里,芬伍德先生却没付波特先生一分钱。最终,波特先生去找芬伍德先生,说:"我知道你最近经济上有点困难,那我们做个交易如何?现在我已经收留你的奶牛10个月了,所以你欠我200美元。我算算这差不多是一头奶牛的价格。不如我直接把奶牛留下,我们就算两清,怎么样?"

芬伍德想了一会儿,说:"你再多留它一个月,我们就成交!"

法哲学

法哲学又称法理学，主要研究诸如"法律的目的是什么"这类基本问题。

法哲学包含几种基本理论。起源于亚里士多德伦理学的"美德法理学"认为法律应该提高个人品德。美德法理学的支持者也许会说，制定公德法（禁止在公共广场便溺）的目的在于提高各阶层的道德标准，尤其提高那些在公共场所便溺之人的道德标准。（不过，由这些人组成的陪审团大概不会同意这种观点。）

伊曼努尔·康德提出的道义论认为，法律的目的在于将道德义务进行条文化。在道义论者看来，反对公共场所便溺的法律支持了所有公民尊重他人感受的义务。

19世纪的功利主义者杰里米·边沁认为，法律的目的在于为大多数人创造最佳结果。功利主义者也许会说，反对公共场所便溺的法律为更多人（城镇居民）创造了更好的结果，相比之下，这一法律为少数在公共场所便溺者创造的负面结果则小得多，即这些人将不得不改变他们长久以来的习惯。

正如哲学中时常出现的情况，普通人对这些理论家提出的第一个问题大概会是："你们这些花里胡哨的理论在分析实际情况的时候——比如分析朱蒂法官判案的时候——有差别吗？"这三种理论都既能用来为公德法正名，又能为其他许多公认的法律原则正名，比如惩罚犯罪能使正义的天平重新平衡这一观点。你可以从道德发展角度（道德重塑）、道义论角度（对不履行公民义务的惩罚），或者功利主义角度（预防未来的不利结果）来为刑罚正名。

不懂哲学的人们可能会问："如果你们都认同刑法的成效，那制定刑罚的原因还有什么重要的？"唯一的实际问题在于如何将违法行为（比如侮辱法庭工作人员）和刑罚（比如20美元罚款）匹配起来。你觉得按照下面这样来匹配如何？

一男子在交通法庭等待法庭审理自己的案子等了一整天。漫长的等待后终于轮到他出庭了，然而法官只是对他说明天再来，今天休庭了。盛怒之下，男子吼道："你搞什么？"

法官也吼了回去："蔑视法庭罚款20美元！"

男子拿出钱包。法官说："罚款不用今天付。"

男子说："我只是看看我的钱还够不够让我再骂两句。"

另一条众所周知的法律原则是间接证据不可靠。以上三类抽象理论家可能又一次全体支持该原则。道德法理学家会说，法庭对公平的高标准为全体公民提供了道德榜样。道义论者会说，间接证据违反对他人保持公平公正这一普遍义务。功利主义者会说，使用间接证据会导致无辜之人含冤入狱的不良后果。

民众中比较注重实际的人又会问："谁会在乎我们**为什么要**

谨慎对待间接证据啊？"从实际角度来说，我们只需要证明间接证据不可靠就行了，正如下面这则故事里的女子所做的一样。（注意她对**归谬法**的熟练运用。）

一对美国夫妇去钓鱼胜地度假。丈夫在午睡的时候，妻子决定划船到湖上看书。正当她沐浴着阳光的时候，一位当地警长划船过来说："这里不允许钓鱼，女士。我必须逮捕你。"

女子说："但是警长先生，我并没有在钓鱼啊。"

警长说："女士，钓鱼所需的装备你一样不少。我必须拘留你。"

女子说："警长，要是你这么说，我只能告你强奸了。"

"但我连碰都没碰你啊。"警长说。

"我知道，"女子说，"但犯罪用的工具，你也一样不少啊。"

事实证明，的确**存**在一些法律原则，会因我们采用不同的基础理论而改头换面，正如下面这则故事中体现的一样。

法官把控辩双方的律师都叫进自己的办公室，对他们说："我叫你们来，是因为你们俩都曾向我行贿。"两位律师在座位上顿时显得局促不安。"你，艾伦，给了我15000美元。菲尔，你给了我10000美元。"

法官递给艾伦一张 5000 美元的支票，然后说："现在你俩扯平了，我会完全基于案件本身进行判决。"

如果禁止贿赂的目的仅仅在于确保所有人都得到公平对待这一义务不被违反，那我们也许会同意这一观点，即法官从双方手里收取同等贿赂的结果和不收取任何贿赂是一样的。同理，如果禁止贿赂的目的在于确保功利主义产生的最终结果不偏不倚，那我们也会同意。但要想论证收取同等贿赂能推动法官或者律师的道德进步，就困难多了。

我们说了这么多，都没讲一则关于律师的笑话，挺酷的对吧？但是，嗨，你我皆凡人，笑话还是少不了的。

一位律师给自己的委托人寄了封信：

"亲爱的弗兰克：我以为昨天在市中心看到的那个人是你。我穿过街道跟你打招呼，结果发现不是你。6 分钟收费 50 美元。"

φ

迪米特里：塔索，你让我深受启发。我已经决定去竞选公德官员了。你会投我一票吗？

塔索：当然了，我的朋友。只要这次选举采用不记名投票就行。

"没错,宝贝,妈妈要好好保养双手,
说不定哪天妈妈想重回医院给病人做脑科手术呢。"

第九章
相对性

我们能说什么呢？这个词的含义因人而异。

φ

迪米特里：我的朋友，你的问题就是想得太多。

塔索：和谁相比？

迪米特里：嗯，和运动员阿基里斯相比。

塔索：那和苏格拉底相比呢？

迪米特里：好吧，你又赢了。和苏格拉底相比，你就是个傻大个儿。

相对真理

真理是相对的还是绝对的?

古代的道家哲学家庄子做了个梦,梦里他变成了蝴蝶。于是他想,到底是自己做梦在梦里变成了蝴蝶呢,还是自己原本就是蝴蝶,而现在正在做梦在梦里变成了庄子?

现代西方世界的哲学家们着迷于知识对于知者的相对性。正如我们所见,乔治·贝克莱在这方面进行了深入研究,并指出"物理对象"仅相对于思想而存在。

20世纪,哈佛大学的一位教授用致幻剂做实验,并对自己洞察到的东西所具有的相对性惊叹不已。不,我们说的不是蒂莫西·利里。比他早多了——我们说的是威廉·詹姆斯。詹姆斯在吸入笑气的时候,觉得自己看见了万物的终极统一体。然而,一旦药效退去,他就完全记不得自己方才包罗万象的洞察所得。所以接下来的故事就是,他第二次吸入笑气的时候在手里握了支笔,把实验记录本摊开放在面前。理所当然地,他产生了某种绝妙的想法,这次他终于把这个想法写了下来。几个小时之后,在未经篡改的情况下,他看了自己记录下的哲学突破:"一切闻起来都有股石油味儿!"

詹姆斯教授起初很失望,但很快回到了哲学角度进行思考。

他意识到，真正的问题在于到底（1）在笑气影响下看起来绝妙的想法实际上平平无奇；还是（2）"一切闻起来都有股石油味儿"这一想法的妙处只有在笑气影响下才能得到正确解读。

詹姆斯的分析中包含某种闻起来有股笑话味儿的成分。

时间的相对性

很多笑话都阐释了关于时间认知的相对性。例如：

一只蜗牛被两只乌龟抢劫了。警察询问它事发经过的时候，它说："我不知道。一切都发生得太快了。"

还有一则和蜗牛有关的笑话：

一女子听到有人敲门，她开门后，发现门外是只蜗牛。她把蜗牛捡起来扔到了院子角落。两周之后，又有人敲门。女子去开门，发现门外又是那只蜗牛。蜗牛说："你干吗这么对我？"

有限时间和永恒之间的相对性，是哲学家们常常思考的问题，自然也成了笑话里经久不衰的主题。

一男子在向上帝祈祷。"主啊,"他祈祷说,"我想问您一个问题。"

耶和华回答:"没问题,问吧。"

"主啊,100万年对您来说真的只是1秒钟吗?"

"没错,确实如此。"

"那么,100万美元对您来说是多少?"

"100万美元对我来说只不过是1分钱。"

"啊,既然如此,主啊,"男子说,"您能给我1分钱吗?"

"可以啊,"耶和华说,"1秒钟后给你。"

世界观的相对性

如果把世界上阐释不同观点相对性的笑话收集起来,能摆满整整一书架。

一个法国人走进酒吧,他肩上停了一只穿礼服的鹦鹉。酒保说:"哇哦,真可爱。你在哪儿买的?"

鹦鹉说:"法国。那儿有成千上万这样的家伙。"

20世纪美国哲学家威拉德·冯·奥曼·蒯因写道,我们的世界观是相对于母语存在的,我们无法跳出这个框架从不同角度看世界。我们也无法确定如何将陌生语言中的词组翻译成母语。我们**能**看到讲另一种语言的人和我们一样指着兔子,他们说的是"佳瓦盖"(gavagai),但我们不确定他指的是"兔子",还是"兔子身上的某一部位",还是其他和兔子有关的东西。

两个犹太人在一家符合犹太食品标准的中餐馆吃饭。他们在看菜单的时候,中国服务员用依地语[1]跟他们寒暄,并帮他们点了菜。两人走出餐馆的时候,其中一个人对犹太店主说,能同服务员用依地语交谈,令他感到欣喜万分。

"嘘,"店主说,"他以为自己学的是英语。"

这则笑话为蒯因针对彻底翻译存在问题的观点提供了精准类比。笑话里的中国服务员能和两位犹太顾客一样把依地语中的所有字词串联成句。然而,他有关依地语的全部知识都以一种重要而系统的方式产生了偏差:他以为这是英语!

对说话人来说,对外语的界定也具有相对性。看看下面这则在国际贸易背景下发生的故事吧:

---

[1] 犹太人使用的语言,源于欧洲中部和东部,以德语为基础,借用了希伯来语和若干现代语言的词语。

某跨国公司在招聘秘书。一条金毛寻回犬申请了这份工作，它通过了打字测试，获得了面试资格。人力资源部经理问："你会说外语吗？"

金毛寻回犬说："喵——"

价值观的相对性

在我们这个时代，米歇尔·福柯把注意力转移到了另一种相对性上——文化价值观对于社会权力的相对性。我们的文化价值观，尤其是那些被归为正常的事物，与社会对人民施加控制的方法相辅相成。什么样的人算精神病患者？由谁来决定？对那些被认定为精神病患者的人来说，这意味着什么？对那些控制他们的人来说，这又意味着什么？控制他们的人又是谁？这些问题的答案随着社会权力分配的改变而改变。在某个时代，牧师是控制集团；另一个时代，医生是控制集团。这种转变暗示了那些所谓的精神病患者会被如何对待。最重要的是，我们认为永恒而绝对的价值观实际上随着掌权者和掌权方式的改变而处于持续的历史变迁中。

帕特：麦克，我在高速公路上用新买的手机给你打电话呢。

麦克：帕特，你开车当心点。我刚刚在收音机里听说，有个疯子在高速公路上逆向行驶。

帕特：一个疯子？天哪，明明是几百个疯子在逆行。

从纯粹理性的角度来说，帕特和收音机里的人都是对的。相对于他，其他人确实都在逆向行驶。那为什么这是则笑话而不只是两种观点的碰撞呢？因为福柯认为，最终决定哪个才是正确方向的人是政府。

从柏拉图开始，哲学家们的另一个担忧就是现世价值观和永恒价值观之间的相对性。而笑话又一次对此进行了精准的阐释：

从前，有个行将就木的富翁。因为自己为了赚钱非常努力地工作，所以他愤愤不平，希望能把钱带到天堂里去用。于是，他祈祷自己能在死后带走一部分财富。

天使听见了他的请求，便在他面前现身说："很抱歉，你不能带走生前的财富。"富翁恳求天使和上帝说说，看能不能为自己通融一下。

天使再次现身，宣布上帝决定为他破一次例，允许他随身带一个行李箱。富翁欣喜若狂，找了自己最大的行李箱，往里面塞满金条，然后把箱子放在床边。

他死后不久就来到了天堂闪耀着珠光的门口。圣彼得看见了他的行李箱,说:"等一下,你不能把这东西带进来!"

富翁跟圣彼得解释说,上帝已经允许他带行李箱了,不信可以去问。理所当然地,圣彼得问完回来说:"你说得对。你可以带一个箱子,不过在让你进去之前,我得检查一下里面的东西。"

圣彼得打开行李箱,检查那些富翁觉得很珍贵以至于舍不得丢下的世俗之物,他惊呼道:"你带了一箱铺路石啊?"

绝对相对性

很多哲学错误都源于从绝对的角度看待相对的观点。托马斯·杰斐逊[1]借鉴了英国哲学家约翰·洛克的观点,认为生命权、自由权以及追求幸福的权利是"自明的",想必他觉得这些权利是普遍而绝对的。然而,对于来自另一种文化背景的人来说,这些权利显然没那么不言而喻,比如极端伊斯兰教徒恰恰认为追求幸福是一种异端思想。

这种错误反过来也成立。我们可能会从相对的角度看待绝对的事物。

---

1 美国第三任总统,同时也是《独立宣言》的主要起草人,与华盛顿、本杰明·富兰克林并称为美国开国三杰。

一艘军舰上的瞭望员侦察到右舷船头前方有光亮。舰长命令他给另一艘船发出信号:"建议你立即转向20度!"

对方回答:"建议你立即转向20度!"

舰长大为光火。他发出信号:"我是一名舰长。我们即将相撞。你现在立刻转向20度!"

对方回答:"我是一名二等水兵,我强烈要求你转向20度。"

舰长快气疯了。他发出信号:"我是一艘军舰!"

对方回答:"我是一座灯塔。"

下次点外卖的时候,别忘了这些有关相对性的深刻思考。

φ

迪米特里:那么,塔索,看来你和那些人一样,认为不存在绝对真理,你觉得所有真理都是相对的?

塔索:没错。

迪米特里:你确定吗?

塔索:绝对确定。

出版社：

"我们不会出版你的自传《蜉蝣的一生》，因为总共才一页。"

第十章
元哲学

哲学的哲学。注意不要和哲学的哲学的哲学混淆。

ϕ

迪米特里：塔索，我现在已经找到窍门了。

塔索：什么的窍门？

迪米特里：当然是哲学的窍门啦！

塔索：你管这叫哲学？

"元哲学"一词的前缀"元"（meta）的基本意义是"包括但不仅仅包括以下内容"，在各种哲学论文中都能见到这个词，比如元语言，一种能用来描述语言的语言。又如元伦理学，它研究伦理原则的来源和意义。所以元哲学的登场，"元"本就只是时间问题。

元哲学对付的是"何为哲学"这一亟待解决的问题。你可能以为哲学家早就知道该问题的答案了。所以你会觉得这些人连这个问题都没搞懂,怎么就想做哲学家了。我们可从没听说过有理发师冥思苦想"何为理发"这个问题的。要是一个理发师到现在连理发是什么都不知道,那他肯定入错行了。我们肯定打死也不会让他给自己老婆做头发的。

尽管如此,现代哲学家依然不断给哲学重新下定义。20世纪,鲁道夫·卡尔纳普和逻辑实证主义者们宣称形而上学毫无意义,按照这个定义,哲学涵盖的范围就少了一大块。根据这些人的说法,哲学的唯一任务就是分析科学语句。

与卡尔纳普同时代的路德维希·维特根斯坦是日常语言哲学教父,他比卡尔纳普研究得更加深入。维特根斯坦认为自己的第一本大作是哲学史的终结,因为他在书中证明了所有哲学命题都**没有意义——包括自己提出的命题也没有意义。**他深信自己已经为哲学画上了句号,所以他安顿下来去做小学老师了。几年之后,维特根斯坦带着新的设想重回哲学舞台,目的是寻找治疗万物的方法。路德维希认为,毫无意义的哲学问题让人沮丧,如果我们厘清了令人迷惑的语言,就能让自己从这种沮丧中解脱出来。

如今,"形式逻辑学家"(他们将**可能**为真的陈述和**必然**为真的陈述区分开来)对如何归类自己的陈述感到担忧。在我们听来这就像元命题似的。

西莫斯正是遵循了元哲学的这一传统。

西莫斯要去赴初次约会,所以他向自己的万人迷哥哥讨教经验:"告诉我几个和姑娘们聊天的窍门吧。"

"秘诀就是,"他的哥哥说,"爱尔兰姑娘喜欢聊三样东西:食物、家庭、哲学。如果你问一个姑娘喜欢吃什么,就说明你对她有兴趣。如果你问她的家庭情况,就说明你的动机很高尚。如果你和她讨论哲学,就说明你尊重她的智慧。"

"哎呀,谢啦,"西莫斯说,"食物、家庭、哲学。小菜一碟。"

当晚,西莫斯见到了约会对象,他脱口而出:"你喜欢吃卷心菜吗?"

"呃,不喜欢。"姑娘困惑地回答。

"你有兄弟吗?"西莫斯问。

"没有。"

"嗯,如果你有兄弟的话,他会喜欢吃卷心菜吗?"

这就是哲学。

当代哲学家威廉·瓦利切拉写道:"元哲学是哲学的哲学。而它本身又是哲学的一个分支,这跟科学哲学或宗教哲学不同,科学哲学并非科学的分支,宗教哲学也不是宗教的分支。"

正是这样的说法让瓦利切拉在马拉松舞会上大红大紫。

本书深藏不露的论点又一次说对了。如果有元哲学,那就必然有元笑话。

一位旅行社推销员在郊区公路上开车,突然车子抛锚了。他步行数英里来到一座农舍,问农夫有没有能给他过夜的地方。"当然有,"农夫说,"我老婆几年前就过世了,俩女儿一个21,一个23,不过都去上大学了,现在就剩我一个人,所以身边有很多地方可以让你睡。"

推销员一听这话,转身就朝公路走了回去。

农夫在他身后喊道:"你没听见我的话吗?我身边空着呢。"

"我听见了,"推销员说,"但我觉得我来错'笑话'了。"

当然,顺带奉上原始版本的元笑话。

一个瞎子、一个女同性恋、一只青蛙一起走进酒吧。酒保看着他们说:"这算什么?你们是来搞笑的吗?"

最后还有政治不正确的元笑话。正如元哲学要求元哲学家了解一些哲学的大概定义一样,元笑话也要求讲笑话的人了解笑话的大概定义——既然如此,下面就讲一个波兰笑话。

一男子走进一家人头攒动的酒吧,宣称自己要讲个绝妙的波兰笑话。但在他开讲之前,酒保说:"你最好就此打住,哥们儿。我是波兰人。"

男子说:"好吧,我会讲得很慢很慢。"

φ

迪米特里:所以咱俩花了整个下午讨论哲学,结果到头来你连什么是哲学都不知道?

塔索:你干吗要问啊?

尾声
我们来总结一下

现在，我们来中肯、详尽地回顾一下前面学到的知识。

ϕ

在卫城喜剧剧场里，塔索接过了话筒。

塔索：不过说真的，朋友们……你们听说过那个说自己老婆只是一堆感觉材料的英国经验主义者吗？

对于他的说法，他老婆回应道："哦，是吗，那你猜猜每晚和一个没有**物自体**的男人同床共枕是什么体验？"

我没开玩笑，结婚十年我才发现我老婆只有**存在**没有本质。我的意思是，她的存在真的只是**被感知**而已。

怎么了，朋友们？这儿太安静了，连森林里倒了一棵树都能听见……即使你不在那里也能听见！叔本华说过，会有这样的夜晚的。

今天我们讨论孩子，对吧？前几天我儿子问我要汽车钥匙，我说："儿子，只有在所有可能世界中最好的那个世界里，你才能拥有一辆属于自己的汽车。"

然后他说："但是，老爸，现在这个世界并不是最好的那个呀。"

我说："去你老妈那儿待着去！"

顺带一提，今晚来这儿的路上发生了件搞笑的事情：我踏进了同一条河——**两次**！

嘿，前些日子柏拉图和鸭嘴兽一起去酒吧。酒保怪怪地看了这位哲学家一眼，柏拉图说："我还能说什么呢？在山洞里的时候，它好看多了。"

（观众席上）迪米特里：把他轰走！

哲学史上的大事件

公元前 6 世纪 前 5 世纪 前 4 世纪—4 世纪

公元前 530 年 乔达摩在菩提树下冥思了 83 天,因为听见一则敲门笑话[1],脸上浮现出高深莫测的微笑。

释迦牟尼,公元前 563—前 483 年

埃利亚的芝诺,公元前 490—前 425 年

苏格拉底,公元前 469—前 399 年

公元前 381 年 柏拉图看见了洞穴壁上的阴影,推测冬天还将持续 6 周。

公元前 399 年 苏格拉底喝下了一杯毒芹苏打水——还配了片柠檬。

柏拉图,公元前 427—前 347 年

---

[1] Knock-knock joke,一种英语笑话。以双关语作为笑点,通常以两人对答的形式呈现。

亚里士多德，公元前384—前322年
斯多亚学派，诞生于公元前4世纪

公元前399年 亚历山大港应用服务提供商的一篇评论把希帕蒂娅的新柏拉图主义称为"小妞文学"。

圣奥古斯丁，354—430年
希帕蒂娅，370—415年

14世纪 16世纪 17世纪

1328年 威廉·奥卡姆发明了吉列"锋速3"系列剃须刀。
威廉·奥卡姆，1285—1349年

1540年 一个人搞恶作剧，把写着"随机行善"的标语贴纸贴在了马基雅维利的马车上。
尼科洛·马基雅维利，1469—1527年

1650年 勒内·笛卡儿暂停思考了一秒钟，然后死了。
1652年 帕斯卡去珑骧赛马场赌马，他把赌注下在一匹叫"上帝"的马身上。结果它输了。

托马斯·霍布斯，1588—1679 年

勒内·笛卡儿，1596—1650 年

布莱士·帕斯卡，1623—1662 年

巴鲁赫·斯宾诺莎，1632—1677 年

约翰·洛克，1632—1704 年

戈特弗里德·威廉·冯·莱布尼茨，1646—1716 年

18 世纪 19 世纪

1731 年 贝克莱主教在感觉剥夺箱里待了 30 天，出来的时候并没有改变想法。

1754 年 伊曼纽尔·康德面对面遇到了**物自体**——他对此"不予置评"。

1792 年 《曼彻斯特卫报》里的一篇评论把玛丽·沃斯顿克莱夫特的《为女权辩护》称为"小妞文学"。

乔治·贝克莱，1685—1753 年

大卫·休谟，1711—1776 年

让-雅克·卢梭，1712—1778 年

亚当·斯密，1723—1790 年

伊曼纽尔·康德，1724—1804 年

玛丽·沃斯顿克莱夫特，1759—1797 年

杰里米·边沁，1748—1832 年

格奥尔格·威廉·弗里德里希·黑格尔，1770—1831 年

亚瑟·叔本华，1788—1860 年

约翰·斯图尔特·穆勒，1806—1873 年

索伦·克尔恺郭尔，1813—1855 年

卡尔·马克思，1818—1883 年

威廉·詹姆斯，1842—1910 年

弗里德里希·尼采，1844—1900 年

埃德蒙·胡塞尔，1859—1938 年

1818 年 奇科、格鲁乔、甘默、哈普、泽波欢迎他们的弟弟卡尔·马克思来到世间。

1844 年 由于不想再被叫作"忧郁的丹麦人"，克尔恺郭尔试图改国籍。

1900 年 尼采去世；6 个月后，上帝因为悲痛过度也去世了。

20 世纪

阿弗烈·诺斯·怀特海，1861—1947 年

伯特兰·罗素，1872—1970 年

路德维希·维特根斯坦，1889—1951 年

马丁·海德格尔，1889—1976 年

鲁道夫·卡尔纳普，1891—1970 年

吉尔伯特·莱尔，1900—1976 年

卡尔·波普尔，1902—1994 年

让-保罗·萨特，1905—1980 年

西蒙尼·德·波伏娃，1908—1986 年

威拉德·冯·奥曼·蒯因，1908—2000 年

约翰·奥斯丁，1911—1960 年

阿尔贝·加缪，1913—1960 年

米歇尔·福柯，1926—1984 年

索尔·克里普克，1940—

彼得·辛格，1946—

1954 年　让-保罗·萨特放弃哲学事业，转行做了服务员。

1958 年　《世界报》的一篇评论把西蒙尼·德·波伏娃的《第二性》称为"小妞文学"。

1996 年　在美国职业摔跤兼职期间，克里普克正式改名为固定指示词。

术语表

分析命题：根据定义为真的一种命题。举个例子，"所有鸭子都是鸟类"是分析命题，因为属于鸟类家族是"鸭子"定义的一部分。另一方面，"所有鸟类都是鸭子"不是分析命题，因为长得像鸭子不是"鸟类"定义的一部分。很显然，"所有鸭子都是鸭子"和"所有鸟类都是鸟类"同属于分析命题。看到哲学能为其他学科（比如鸟类学）提供实际帮助实在是振奋人心。与综合命题相对。

后验：通过经验了解；经验地进行了解。要想知道哪些啤酒口感好，喝了还不撑，你必须进行体验——喝到一种又好喝又不撑的啤酒。和先验相对。

先验：先于经验了解。举个例子，在看《美国偶像》之前，我们就知道所有选手都相信自己是歌手，因为《美国偶像》是专门为那些相信（至于为什么相信，只有他们自己知道）自己是歌手的人举办的歌唱比赛。和**后验**相对。

演绎逻辑：从一组前提推理出逻辑通顺的结论。演绎逻辑的最基本形式为三段论，比如，"所有喜剧演员都是哲学家；拉瑞、莫伊、克里是喜剧演员；因此，拉瑞、莫伊、克里是哲学家"。和**归纳逻辑**相对。

道义伦理学：该伦理学的基本理论为道德责任源于义务（希腊语：deon），而和行为带来的实际结果没有太大关系。举个例子，一位政治领袖相信自己的最高义务是保护公众免受恐怖袭击的威胁，因此为了履行该义务，他可能会提出要在所有人的卧室里安装隐藏麦克风，而不顾这一举措会对你的性生活产生什么后果。

物自体：物体的本质，与物体的感觉相对。该观点认为，物体不仅仅是简单的感觉材料之和（视觉、听觉、味觉、嗅觉、触觉之和），在所有这些感觉材料背后隐藏着某种与其分离的物体本质。有些哲学家认为，这一观点和独角兽、圣诞老人等传说如出一辙。

情感主义：该伦理哲学认为，道德判断无对错之分，仅表达了我们是否赞同某一行为或进行某种行为之人而已。从该哲学观点出发，"萨达姆是个作恶多端之人"这句话的意思只不过是，"萨达姆不是我的菜。我不知道，我从来没关注过这家伙"。

经验主义：该观点认为，经验（尤其是感官经验）是获取知识的首要（或者说唯一）途径。"你怎么知道世界上存在独角兽？""因为我刚刚在花园里看见了一头！"这就是我们所说的极端经验主义。和理性主义相对。

本质主义：该哲学观点认为，对象拥有本质或本质属性，该属性与非本质或偶然属性相区别。举个例子，一已婚男子有老婆（也可能是个男老婆）就属于本质属性。但已婚男子佩戴婚戒就只是偶然属性。他就算没戴婚戒也可能已婚，尽管他老婆可能对此颇有微词。

存在主义：该哲学派别致力于描述我们个人存在的实际状况，而非抽象宽泛的人类品质。萨特将存在主义定义为"认为存在先于本质的观点"，也就是说关于我们的首要事实是我们存在；我们自己创造自己的本质。这一定义对存在主义伦理学产生了深远影响，告诫我们永远要"真实地"活着，要充分认识到自己必有一死，不要被自己所做的选择蒙蔽——简言之，就是不要被一种全神贯注的状态蒙蔽,一个人在巴黎咖啡馆喝着咖啡、抽着雪茄时最容易进入这种状态;与之相对,在底特律的装配线传送带旁边工作就比较难进入这种状态了。

归纳逻辑:由具体事例进行推理并归纳出普遍性的结论,这一结论比仅根据事例本身所做的逻辑推论更为宽泛。举个例子,我们通过观察得知,今天、昨天,以及昨天之前我们所知的所有日子里,太阳都升起了。由此我们得出结论,太阳每天都升起,未来的每天也都会升起,但这一结论无法通过已知事例从逻辑上推导出来。(注意:该例子不适用于身处北极的读者们。)和演绎逻辑相对。

无穷后退论证:该论证认为,某一解释之所以无法令人满意,是因为还需要无数这样的"解释"来解释该解释。举个例子,要想通过安排一个"造物主"来解释世界的存在性,就会引发另一个问题,即造物主的存在性。如果安排了另一个造物主,那问题就变成"谁创造了这个造物主?"以此类推,可以说是无穷无尽,也可以说冗长乏味,这两个词不分先后。

心印:佛教禅宗的一种谜题,这种谜题通过让人震惊从而顿悟。"一只手鼓掌的声音是什么样的?"这一问题似乎属于心印;

"两只手鼓掌的声音是什么样的？"则不属于心印。参见"开悟"。

无矛盾律：亚里士多德提出的逻辑原则，某一事物不可能同时既这样又不这样。如果说"你的裤子着火了，另外，你的裤子没着火"，那就是在自相矛盾。(在这种情况下，尽管有亚里士多德的无矛盾律，但你用水管朝裤子冲水不会有什么坏处。)

本体的：关于物体本质的，相对于物体的感官呈现，参见"物自体"。话说回来，你看不见物自体，不是吗？和**现象的**相对。

日常语言哲学：一种致力于通过检验日常语言运用来理解哲学概念的哲学运动。根据该学派哲学家的说法，许多困扰思想家们上千年的问题，其实只不过是由于问题本身存在固有的歧义和逻辑错误。该运动为困惑的时代画上了句号。

悖论：1.建立在明显可靠的逻辑和明显为真的前提上，然而得出矛盾结论的一种推理；2.任意两个内科医生的诊断。

现象的：指我们对对象的感觉经验。"那是顶红帽子"指的是我们对某一红色、帽子形状对象的感觉经验。另一方面，"哇哦！你的红帽子是现象的！"这句话指的可能是条红鲱鱼。和**本**

体的相对。

现象学：该哲学流派试图将现实描述为人类意识所感知、理解之物。不同于这一描述方法的有：科学描述。举个例子，现象学描述了"生活时间"的现象，或者说我们体验的时间，相对于"钟表时间"。在电影《曼哈顿》中，伍迪·艾伦说"我们几乎没怎么上床，一周才两次"的时候，他要表达的是"生活作息"；同样，在电影里，他老婆宣称："他老是想着上床，竟然要一周两次！"

以先后为因果：一种逻辑谬误，字面意思是，"在这之后，所以因为这"；该谬误认为，因为第二件事紧随第一件事发生，所以第二件事是由第一件事引起的。《魔鬼经济学》这本书指出了一堆这样的谬误，尤其是在为人父母方面。某位家长说："我的孩子之所以聪明，是因为他还在子宫里的时候，我就放莫扎特的音乐给他听。"实际上，这两种情况并没有必然联系。这个孩子之所以聪明，有可能是因为他的父母知道莫扎特（他的父母受过教育，因此可能聪明）。

实用主义：该哲学学派注重理论与实践之间的联系。举个例子，威廉·詹姆斯将正确的理论定义为有用的理论，或者能加深认识的理论。有些人觉得詹姆斯的定义有用,其他人则不以为然。

理性主义:该观点认为,理性是首要(或者说唯一)的获取知识的途径。常和经验主义相对,经验主义认为感觉经验是获取知识的首要途径。从传统角度来说,理性主义者偏爱理性,因为感觉是出了名的不靠谱,所以基于感觉的知识也是不确定的。他们偏爱通过理性得出的直截了当的确定陈述,比如"这是所有可能世界里最好的那个世界"。因而你必须在里面生活……

开悟:佛教禅宗的一种悟道体验,即我们突然看到了自身和世界的真正本质。引用红辣椒乐队的话来说就是:"如果你一定要问,那就说明你不知道。"

至高无上的绝对命令:伊曼纽尔·康德心中首要的道德原则,该原则认为,一个人必须按照可以成为普遍法则的行为准则行动。这有点像恕道的另一种说法,但两者并不完全相同。

综合命题:并不因其定义为真的命题。举个例子,"你老妈穿军靴"属于综合命题;这一命题提供了"你老妈"这个词定义之外的信息。"老干妈穿军靴"也属于综合命题。和分析命题相对。

目的：内在的目的。橡果的目的是长成橡树。类似地，哲学毕业生的目的是成为哈佛大学的终身教授。这就是他或她的内在目的，虽然他们最后更有可能在沃尔玛工作。

功利主义：该道德哲学流派认为，比其他行为给人带来更多好处的行为才能被称为正确行为。当你试图在感恩节同时取悦自己的老妈和伴侣的老妈时，这一道德哲学流派的局限性就变得显而易见了。

致谢

除了我俩,不知道还有谁会愿意承担起写这本书的重任。不过我们还是想感谢吉尔·艾斯纳和赫伯·克莱恩两位笑话大师,他们给我俩提供了几则绝妙笑话。

我们在哈佛大学的哲学导师罗伯特·沃尔夫教授也值得赞扬,因为他……或多或少教会了我们如何从哲学角度思考问题。

感谢比尔·休斯和斯特凡·比卢普斯这两位杰出的摄影师,他们让我们看起来比现实生活中机智风趣多了。

还要感谢雀巢旅馆的老板玛莎·哈灵顿和沙其·兰普伦,他们在本书万里长征般的编写过程中,对我们十分包容。一篇得体的致谢辞当然少不了对妻子女儿真诚的拥吻。你们知道我们说的是谁,如果你们不知道的话,她们的名字分别是爱洛依丝,还有芙瑞可、艾斯特、萨马拉(她们给予我们的帮助远远超过了家庭成员之间的义务)。

我们要特别感谢茉莉亚·洛德文学管理公司的茉莉亚·洛德,她是我们的经纪人,更是一位拥有超凡智慧与才能的女性,同时,她还很有耐心。

同样，我们还要向安·特雷斯特曼编辑致敬。她丝毫不考虑我们的感受，坚持不懈地催我们提高原稿质量。

还有艾伯拉姆斯艺术图书出版公司的副总裁、出版人大卫·罗森先生，他从一开始就非常看好这本书，成为柏拉图队的啦啦队队长。非常感谢你，大卫。

最后，我们想对伊曼努尔·康德表达迟来的歉意，因为我们从未彻底理解他。老康，你一定很不爽，我们懂的。

托马斯·卡斯卡特 & 丹尼尔·克莱恩